本书系四川省高等学校哲学社会科学重点研究基地四川民族教育发展研究中心 2024 年度立项课题“铸牢中华民族共同体意识融入小学语文学科教学的实践研究”（项目批准号：2024SEED02002）阶段性成果。

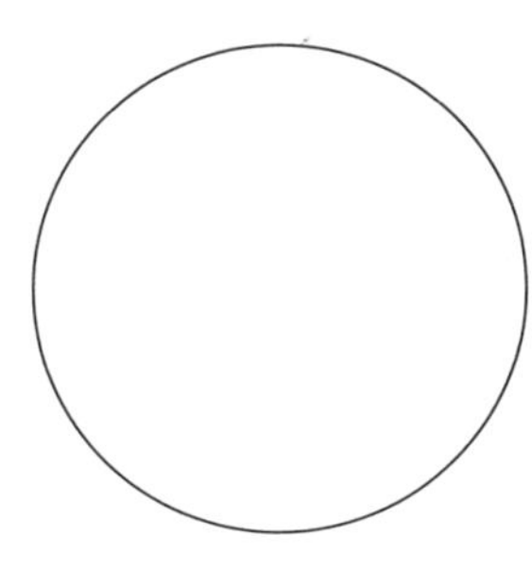

细节的力量

深度设计与教学的50个细节

何捷 著

江苏凤凰科学技术出版社 · 南京

图书在版编目（CIP）数据

细节的力量 ：深度设计与教学的 50 个细节 / 何捷著 . 南京 ：江苏凤凰科学技术出版社，2025. 7. -- ISBN 978-7-5713-5434-3

Ⅰ . G623.203

中国国家版本馆 CIP 数据核字第 2025R3R781 号

细节的力量：深度设计与教学的 50 个细节

著　　者	何　捷
责任编辑	吴梦琪
责任设计编辑	孙达铭
责任校对	罗章莉
责任监制	周雅婷
出版发行	江苏凤凰科学技术出版社
出版社地址	南京市湖南路 1 号 A 座，邮编：210009
联系电话	（025）83657623
编读信箱	skqsfs@163.com
印　　刷	溧阳市金宇包装印刷有限公司
开　　本	718 mm × 1 000 mm　1/16
印　　张	16
字　　数	240 000
版　　次	2025 年 7 月第 1 版
印　　次	2025 年 7 月第 1 次印刷
标准书号	ISBN 978-7-5713-5434-3
定　　价	50.00 元

图书如有印装质量问题，可随时向我社印务部调换。

序言

要弄明白才华是结果还是原因

我们常听大家夸赞某人说:“哇，你好有才华！”这个时候，青年教师会很羡慕被称道的人，内心会想：一定是我的才华不够，否则受夸赞的就是我。

才华到底是不是天生的？这个问题也可以转化为：你眼下的成功是因为拥有才华吗？才华成为成功的原因，会让青年教师倍感失落，因为“有才”的人确实不多。

我常被人说“有才”，我的徒弟也一直希望我教他们“能够设计出与众不同的教学环节”“能够瞬间应对学生回答”的技巧。而我总是说:“这个教不了。首先，你得有自己的孩子，伴随他成长，自然会回答小孩的各种问题；其次，你得活过五十岁，而且一直从事一线教学，才有可能越上越好。”

徒弟们说我有好方法不传授。可是以上回答就是我思考的结果。答案中带着对另一个问题的回应：才华都是努力的结果，而不是成功的原因。无论是上课，还是下棋、跳舞、游泳、登山……要想在某一方面成为“达人”，必须做到以下四点。

一、沉迷

沉迷就是专注于某一方面，主动排除其他方面的干扰。

譬如回应学生，就要全心全意听学生说了什么，其实想要说什么，最终说出了什么。教师要“倾听”而不是“轻听”，沉迷其间，就能做出与众不同的反应。

“说了什么”“其实想要说什么”“最终说出了什么”这三个方面，看起来程序很多，思考量很大，但只要长期坚持锻炼自己，专注、真诚地面对学生，你就能拥有“瞬间综合信息，瞬间做出判断”的才华。

大家都知道夏洛克·福尔摩斯很有才华，他能够准确地记住杀人现场以及涉案者的细节。例如：被害者的指甲边缘呈锯齿形，穿着尖头的鞋，其中一根鞋带松了，与被害者看似毫无关系的某人曾在车站出现，等等。这些线索对于最终找到犯人起到了至关重要的作用。这不是才华带来的，而是源于福尔摩斯的专注力——沉迷于自己要探索的事，反复训练后形成的一种职业反应。普通人对于常见的人或物只是一扫而过，并没有留下什么印象；福尔摩斯则不同，作为一个“记忆达人”，他总是注意到普通人不曾留意之处。

二、执着

执着就是长期关注，不断探索。

例如，“回应学生发言”这件事，真的不是天生的才华。很多时候我的回应并不是人们看到的那样，“纯属天然，纯属巧合”。我曾二十三年不间断地担任班主任，每天和学生在一起。我接的基本上是“问题班级”，这就使得我花的时间是他人的两三倍。我很喜欢探索“学生的大脑里究竟发生了什么”，我喜欢弄明白“是什么导致他们有这样的行为、言论”。久而久之，学生说的基本就在我的预料之内了。再加上我自己有一个正在求学的孩子，他每天回家和我诉说“老师们不知道的事”。这样一来，我就成了特别了解学生的老师了。

日本著名画家葛饰北斋在作品集《富岳百景》的后记中写道："我从6岁起就喜欢临摹……直到70岁都还没画出什么值得一提的作品。73岁时，我才略微掌握了花草树木的生长和虫鱼鸟兽的结构。我希望到了80岁的时候，我的技艺会有长足的进步；90岁的时候，我能钻研透绘画中的奥义；到了100岁的时候，我就能够达到神妙的境界；到了110岁的时候，我的一点一画都能够拥有生命。"[①] 可见，真正有创造力和才华的人，都是在不停地挑战，不断地追求。创造力并不是从天而降的东西，才华也不是天生的，都是后天加倍努力才拥有的。

三、自觉

要有自觉且强烈的意识，不被自己的臆想所束缚，不为他人的宣讲所眩惑。

自己的臆想就是满足于"我觉得这就是真相"，而不再去探索。例如，我们常常觉得自己做的就是正确的，经验占据了整个思路，让我们无法再去接受其他的路径。这就是走向自满的开始，我们要努力挣脱。

他人的宣讲就更可怕了，因为可以向你宣讲的人基本上有个共同的名字——"专家"，他们一出场就带着光环，很容易让你不自觉地只会接受。例如，我们听到许多讲座，不少都是铁口直断："跟我这样做，一定能成功。"每当这个时候，你就要思考：这么做的问题在哪里？为什么之前我没有这么做？这么做能得到广泛的认可吗？

当你的大脑习惯于不被自己以及他人的经验侵占的时候，你就拥有了一种自觉的学习力，而这将帮助你成为某一个领域的"达人"。

---

① 杨建飞．葛饰北斋画集［M］．北京：中国书店，2022.

四、积累

做到会设计教学，能应对学情，我用了近三十年，而且在这期间没有一天敢停止思考，没有一天敢懈怠。因此，我的心中积累了大量“图式”，在设计时能很自然地调用、重组，在应对时能很自然地脱口而出。

一切随机与自然，都离不开这些年有意识地积累：积累和学生相处的经验，积累教育教学的基本理论，积累一些特殊的、优质的案例……

再以下棋为例。我们发现高级棋手能精准复盘——刚才第几步，对手下的是什么。这样的记忆力可谓天才。根据分析，这并非他们天生能力好，更不是当场死记硬背的。事实上，成为高级棋手，他们的头脑中已经存储了成千上万盘棋局。而眼下的棋局，在他们的脑中已经有了与之相应的内容。因此，他们只需要判断二者是否相对应，也就是完成一个将头脑中的信息与眼前的信息相对照的过程。高级棋手在现场中所展现的惊人的记忆能力，实质上就是从海量的记忆库中瞬间搜索到面前这盘棋局的能力。

很多人觉得记性好是天生的。其实，记性好是一种后天努力的结果，其所需要的支撑力是将原本没有任何含义的信息赋予一定的意义，仔细观察并找出重要信息，并将眼前的信息与头脑中已有的信息库相对照的能力。这依然是后天努力的结果。

以上四点就是青年教师需要的答案。一句话：才华是结果，而不是原因。

这样看来，你也能成为有才华的人。但你要执着追求，要持续积累，要自觉排除干扰，要沉迷于自己追求的事业。这样一来，你才能达到“身心一致”的境界。这个境界，在中华文化中被称为“天人合一”。

目　录 / CONTENTS

第一板块

设计备课的细节

第二板块

课堂执行的细节

第一板块

设计备课的细节

教材解读的“第一诫”

在美国广告业创意大师乔治·路易斯的《好忠告》一书中，路易斯和读者分享了他的广告创意“第一诫”。令人意外的是，广告业的“第一诫”对语文教师的教材解读也大有启发。

乔治·路易斯的“第一诫”是，理解文字在先，创造视觉在后。

“理解文字”是乔治·路易斯对青年广告从业者的告诫。他坦言：“每当年轻的美术指导们请我透露一下广告创意的公式，我都会回答：从理解每个单词开始！这个建议，像《圣经》里刻在石头上的诫命一样，是我的第一诫。”[①] 原来，很多青年广告从业者以为广告中的“视觉冲击力”才是第一位的，所以不断求新求变，不断辛苦地筛选着杂志上的图像，试图找到“灵感”。而乔治·路易斯往往更在意写出绝妙的“头条”，或者与同伴一起施展文字的魔法，深入人心地表达出好广告的创意，配合视觉，让文字与图像激荡出完美的协同效应。

“理解文字”四个字读起来轻松，做起来却一点都不简单，特别是教语文。文字谁都看得懂，也都能理解。但在教材解读中，“细读文本、深入理解”往往就成了一句空洞的口号。青年教师入职五年后，如果依旧不能独立解读教材，那么课上得再好，也是“花架子”。要有自己的教学创意，首要的就是理解文字。

因此，教材解读的“第一诫”也是**理解文字在先，创造视觉在后**。

① 乔治·路易斯.好忠告［M］.老金，译.长沙：湖南人民出版社，2018.

青年教师的教材解读，如何做到“理解文字”呢？谈到“理解”，我很自然地想起阐释学。

阐释学就是解释文本的技术。它特别在意根据文本本身来了解文本。这一词语的词根来源于古希腊语，其意为“神之消息”，结合我国的《易经》，就很好理解。早在远古时期，人类祖先就非常在意天象、地理、人文，并不断通过观测、判断、推理，去占卜，去理解，去和同伴解释。

阐释学就从上古先民的生活中发展，先后经历了古希腊阐释学、中世纪的文献学、施莱尔马赫和狄尔泰的古典阐释学以及海德格尔和伽达默尔为代表的西方现代阐释学等几个阶段。海德格尔在《存在与时间》一书中就指出，任何理解和解释都依赖理解者和解释者的前理解。海德格尔的前理解包括三个因素：其一，先行具有，即预先有的文化习惯。其二，先行看见，即预先有的概念系统。人从自己所在的文化中接受了语言及运用语言的方式，必定将其带入理解过程中。其三，先行设定或先行把握，即预先有的假设。人是在具有了某种观念、知识、假设和前提之后才开始进行理解的。先有、先见、先设说明了人在进行任何理解之前，必然是带着前理解来进行理解的，头脑中并不是一张白纸。因此，理解的过程实际上是读者再创造的过程。

从阐释学中去理解“理解”，就能得出在教材解读中“理解”的基本界定：基于历史、文化、认知的背景，经由先有、先见、先设，面向敞开的教材文本，不断与作品、作者、编者实现视界融合。这就是教材解读中的“理解”。为了让大家看得更明白，我特别以统编语文教科书二年级下册《青蛙卖泥塘》为例，和青年教师分享在教材解读时的四个方面的操作。先看课文片段——

青蛙住在烂泥塘里。他觉得这儿不怎么样，想把泥塘卖掉，换一些钱搬到城里住。

于是青蛙在泥塘边竖起一块牌子，上面写着“卖泥塘”三个字。

“卖泥塘喽，卖泥塘！”青蛙站在牌子边大声吆喝起来。一头老牛走过来，看了看泥塘，说：“这个水坑坑嘛，在里边打打滚倒挺舒服。不过，要是周围有些草就更好了。”

老牛不想买泥塘，走了。

青蛙想，要是在泥塘周围种些草，就能卖出去了。于是他就去采集草籽，播撒在泥塘周围的地上。

一、究竟在说什么

“究竟在说什么”，就是提醒各位在接触教材时，尽量不要借助任何参考资料，仅凭借自己的文学功底，进行“素读”——朴素地阅读。用最古老、最简单、最直接的方式去阅读，让自己在最少的干扰下了解教材内容。

《青蛙卖泥塘》一文主要讲述了一只可爱的小青蛙总是觉得自己的泥塘不完美，非常希望把它卖掉。于是，在整个售卖泥塘的过程中，小青蛙有了各种经历，听取了来买泥塘的不同顾客的意见。结局是让人意外的——青蛙没有把泥塘卖掉，反而将其建设得非常漂亮。如此好的泥塘，青蛙再也舍不得卖了。

特别提醒：在这一环节的“素读”中，比较适合的方法为朗读。开口读，用较大音量读，能够有效地延缓阅读的速度，便于自己在值得停留的地方停留，引发对关键内容的凝视。默读则很容易提速，进入快速浏览的状态，不利于在这种解读中一探究竟。

二、想要说什么

“想要说什么”，就是去探索表达意图。解读时，多一份心去琢磨：文字背后透露着作者怎样的创作意图呢？作者要说什么呢？编者为什么在这个单元中要编这样一篇文章呢？

例如，对于前文中老牛对小青蛙要卖的泥塘的态度，解读时能读出老牛的不屑、不情愿吗？故事中老牛说的话，体现了这种不情愿的情绪。这个情绪就是作者在文字中藏着的。同时，一只小小的青蛙希望将一个小小的泥塘卖给一只体形硕大的老牛，这样的反差也带来一种离奇的幽默、不可思议的感觉。解读时，体验两个角色之间的反差，感受反差中的趣味，你会发现作者在创作时选择角色的特殊意图。编者把这样的故事选入教材，除了让学生学习，也有意让学生感觉到童话的离奇之趣。这些意图，在解读时需要静心体会。

三、能够说什么

“能够说什么”，就是要寻找匹配的表达。解读时，如果已经知道作者的表达意图，那么就可以继续追踪思考：这样的意图，是用怎样的文字、怎样的形式、怎样的结构进行表达的？表达是否清楚、准确？

例如：我们捕捉到的老牛的不情愿是如何表现的？再读故事，带着不一样的探究意图，就会看到不一样的细节。例如，老牛称这个水坑为“水坑坑”，多一个字，多一分不情愿。又如，老牛说自己只能在里面“打打滚”，“打滚”远比“打打滚”畅快，用了“打打滚”表露出老牛的无奈与不屑，有一种轻松的玩味之感；老牛还提出了“周围有些草就更好了”，提出意见的同时也是委婉拒绝——毕竟是邻居，只能巧妙地推脱。

再读故事，青蛙是多么急切啊。“大声吆喝”，而且在“卖泥塘喽，卖泥塘！”一句中，后一个“卖泥塘”使用的是感叹号，着急出售的心境更加凸显。从写的层面去发现“能够说什么”，能让你看到更多细节、更多惊喜。

四、应该说什么

“应该说什么”，是指在解读教材时还可以扩容增量。不要仅在微观的、集中的语篇层面解读，还可以将眼光放远，站得更高，不断思考：一篇教材的价值是什么？能给学生带来什么启发？我们应该如何让学习变得更有意义？

例如，读这个故事，不仅能了解“青蛙卖泥塘”，还能了解一种非常好玩的童话逻辑。一只青蛙，可以向自己周围的伙伴推销泥塘。老牛、野鸭、小鸟、蝴蝶、小兔、小猴、小狐狸……这些伙伴和青蛙一样，都很可爱，都爱生活，都生活在共同的区域中。因此，当我们看到熟悉的动物在对话、在推销与建设一个泥塘的时候，就会觉得很离奇但又理所当然。此外，故事还展示了童话作品“多次反复”的经典创作结构，植入了这一典型的故事模板。

所以，在“应该说什么”的层面，解读时可以尝试“三放”：放下，不要拘泥于文字；放回，将局部放回整体，也许可以看到更具价值的规律；放大，把“这一篇”的教学意义扩大——读一篇，带一组，连一本，解读会带来增值增效的连锁反应。

打磨一节课，需要警惕的三个问题

我们来说一件在日常教研中常常会遇到的事。

有一位青年教师要执教一节公开课，我为他做了较细致的指导——之所以强调“细致”，是因为这一节课关系重大，该青年教师要代表学校参加区、市乃至省级的层层选拔，执教效果的竞争意味特别浓厚。在得到详细的教学设计方案后，该青年教师制作了课件，进行了第一次试教。反馈回来的信息是，“简直是一团乱麻”。

该青年教师用了一句俏皮话来遮掩当时的窘迫和担忧：“一听就会，一干就废。”不仅是他本人，备课团队都感觉这样的设计听起来“光芒万丈”，一执行就“一落千丈”。大家让我分析原因，潜台词也分明地显露出来：你的设计有问题吗？

所幸，这样的事发生多次。在我组织的教师研究社群里，几乎每天都有青年教师用各种“名师课例”进行教学，之后坦言，被批得体无完肤。

为什么一个设计由不同的人来执行，会产生如此巨大的偏差？我和该青年教师以及备课团队进行了复盘，终于发现了设计在执行过程中出现变化，严重影响效果的三个原因。

原因 1：为迎合“时尚”而叠加。

在执行过程中，教师叠加了各种各样“时尚”的做法。例如：用一张学习单；展示一段视频；插入一份资料；填写各种表格；参加问题探究，之后小组汇报……迫于观课评估者对课堂教学有“生杀予夺”的大权，该青年教师表示这样做的无奈。

不过，我要说的是，迎合“时尚”，把课上得复杂，这原本无可厚非。“时尚”的设计，必定有时代的元素，也是发展的需要。但由于漫无目标地多次叠加，产生的效果是丢失了目标，上着上着就不知道自己为什么要上，不明白这个环节执行的意义是什么。而叠加的环节、形式太多，教师要操作的步骤过于烦琐，导致忘记一些流程，丢失一些细节，这里不顺，那里不通，整节课就总是卡壳，推行不下去了。况且，每一个环节的教学效果都仰仗学生的反应，在班级中的尖子生被反复点名并展示之后，剩下的环节谁来承受？教师也就陷入“问了没人回答，回答了不尽如人意”的尴尬。

不断叠加、“做大做强”的思路破坏了设计者的初衷，在膨胀中让教学变形。

原因 2：转接中的细节缺损。

说到细节，先提衔接语。说实在的，过去我不愿意在辅导青年教师设计教学时提供衔接语，我觉得这样的细节处理，应该是现场生成的，也可以是灵机一动想到的。如今我改变了想法：每个板块的衔接语都可以灵机一动，更需要精心设计。

从设计的角度来看，任何艺术的表象都是技术累积而成的。没有后台的千辛万苦，就不会有执行时的云淡风轻。更重要的是，教学板块中的衔接语并不是纯粹的应对话术，而是教师和学生共同理解、捋顺、对接板块与板块的关键一环。衔接语阐述了板块学习的意义，不但保障教学顺利进展，且有意识地推动学习迈向深入。

辅导青年教师备课、设计、执教，辅导者必须有“手感”，要能看到诸如衔接语这类隐藏的漏洞；不但能设计板块，能说出计划，还可以演绎具体的操作，做到“心中有数，手上有活”。正如《庄子》

故事中的轮扁，他制作的时候不需要理论，而是靠手感；他做的车轮非常圆滑，这些技术是写不出来的，是靠一个又一个的轮子来呈现的。

在复盘中我还发现，除了衔接语，还可以和青年教师一起设计回应学生学习成果的预备方案。例如，一个问题提出之后，不要期待学生按照教师的思路去回答，而应该充分关注学情。这充分体现为三个“点”：预知学情的基础点、预估学情的困难点、预判学情的生长点。

在这三个“点”中，辅导者可以和青年一起做好设计：针对基础点，应对大部分学生的基础回应；应对困难点，在纠结时提供解决方案；结合生长点，面对有拓展、能发挥的学业成果时，及时给予反馈，鼓励共享优质学习成果。这样的细节研究，才不至于让青年教师在实际教学中遭遇特殊情况时无言以对。

原因 3：对试教的误解。

不知道从何时起，有人公开反对试教，甚至抛出“试教就是作假”的荒诞言论；甚至因为公开课、赛课的打磨过程需要试教，转而批判公开课也是作假、作秀，之后生硬地将课分为“真课”和“假课”。如此武断的言论反映的是对公开课的无知，也展露出对教师职业技能发展认识的偏激与狭隘。

试教，是经过无数教师检验过的教学技能成长的必经之路。试教是确保课堂教学成功的关键。我们不能期待每一节课都先试教，后执教；但在青年教师成长的路上，必须有试教的经历。一节课，反复打磨，多次试教，找到问题，不断提升，这就是研究的姿态。公开课的研究与打磨，可以视为青年教师在完成自己职业生涯中的“代表作”。多年后回忆，他们还可以借助“代表作”来梳理自己的成长轨迹与教学思想的变革。

试教的意义无须赘言，只是青年教师要正确看待试教，不要误解试教，要合理借助试教完成教学技能提升。因此，问题的关键在于：试教时应做些什么呢？试教后还可以做什么呢？

试教时，青年教师应该更多关注学情的变化，在尝试和学生一起学习的真实体验中，让自己与课充分融合，从心底熟悉教学流程，掌握课堂的推进计划，知晓运用哪些方法能够抵达目标，能推动学生迈向深度学习。试教之后，要主动收集各种评估意见，及时反馈、改良，提升就有了可能。

既然是“试”，就不要期待能一次性成功。试教也是一种心态的锤炼。几乎所有名师都表示“没有人能够轻轻松松，没有人能够一举成功”。任何一个设计，面对实际情况时都无法照原样执行。试教是人与课的融合历练，让执教者看到问题，面对失败，反复尝试，这是青年教师成长的最真实的刻画。通过试教，你的心变得更坚强，你的教学执行变得更灵动，你对课堂教学设计的理解也会变得更多元。

我和执教的青年教师分享了上述观点后，该青年教师和备课团队做了些什么呢？

大家决定继续研究、打磨、试教。每一次试教之后，大家都跟我反馈结果。我也从一次次的反馈中感受到该青年教师的进步。至此该青年教师也才体会到：第一次的失败是必然的。

同时，该青年教师做了教学设计的“瘦身”，不再肆意添加一些“时尚”的做法，不再害怕“没有用学习单，就要一票否决”的评价标准，不再用“没有讲任务群，就不是新课标的课”的观点来限制自己。教师更稳重、更真诚、更真心实意地希望把课上好。同时，大家发现，只要上出好课，评估系统会为你点赞，会放弃之前的各种“清规”。而之所以流传出那么多匪夷所思的要求，可能是因为一些教师教学效果不佳，又找不到方向，便“病急乱投医”，弄出许多条条框框来。

为出效果，就出花样，形式主义开始膨胀，反而适得其反。这是反复打磨后，执教的青年教师最大的收获。

同时，该青年教师还发现，如果有时间，或者希望成长得更为扎实的话，可以将自己的课堂用语音转化成文字，深入研究自己的教学实录，便于自己在每一个细节上不断琢磨。

最终这节课通过了区级选拔，继而获得了市级大奖，即将继续升级。备课辅导有了成效，我也欢喜。对于我而言，更大的收获是在帮助青年教师成长中获得可贵的体悟——实录研究，是促进青年教师成长的好方法。于是，我产生了一个有意思的设想：让青年教师将我的阅读课、习作课整理成教学实录，并且进行评点，逐行逐字展示教学中的微观生态，整体呈现一节课设计的宏观理念。我相信这样的梳理、总结、分享，对每一个青年教师而言，都是极为有益的；对我个人来说，也让我看到自己进步途中的绝佳风景。

深深地祝福读到这篇文章的青年教师们，希望你们更看重自己作为教师的专业属性，在教材解读、备课、设计、执教的专业之路上，走得更坚定，走得更长远。

备课时请带一把“奥卡姆剃刀”

每次和青年教师一起备课，我都让他们做到有备而来，先介绍自己的设想，然后大家讨论如何改进。但我越来越明显地感觉青年教师受时下盛行的“演课”模式的影响很大，备课时普遍“多虑”了，没有把力气花在“刀刃”上。

首先，他们考虑得最多的是多媒体课件的设计、制作，有时候甚至为了课件中的一个视频镜头或者音频效果而煞费苦心，往往在课件制作好后就以为备课工作已完成。其次是课堂环节设计得过多，过于烦琐。有些青年教师为了能像名师们那样在课堂上掀起一个高潮，设计了诸多铺垫以求“渐入佳境”。再次就是依赖性强。许多青年教师备课时喜欢先找教学参考书或者名师教学实录，或是期待有经验的教师的口耳相授，然后做个“传声筒”。

于是，我总感觉如今的语文课堂变味了：讲台像舞台，教师像演员，课堂像是一部集声、光、电于一体的影视作品。照这样推想，教师成了编剧或导演。有些荒唐，不是吗？

其实，小学语文课堂教学应该符合语文学科和儿童的特点，讲究简洁、实效。因此，我们在备课时，不妨带着一把“奥卡姆剃刀”。源于哲学概念的“奥卡姆剃刀”，其理论精髓就是“简单”二字。它因 14 世纪英格兰的逻辑学家、圣方济各会修士奥卡姆而得名。奥卡姆曾经说：“切勿浪费较多东西去做，用较少东西，同样可以做好的事情。”他的观点被概括为“如无必要，勿增实体”，即凡无用的都应该剔除，力求为对象做最简洁的解释。我相信，如果每个教师心中都有一把“奥卡姆剃刀”，备课时就能化繁为简，还语文课堂以本色。

首先，手执“奥卡姆剃刀”，教师要掌握思维活动的主动权。《管子·内业》中记载道：“思之思之，又重思之。思之而不通，鬼神将通之。非鬼神之力也，精气之极也。”备课过程就是一个思维的过程，是与文本和学生的深入对话，是教师专业素养的炼炉，是一席精神盛宴。教师在深度思考中能充分享受灵感闪现的快感；在自己充分思考后，可将思考的结果与他人探讨、交流，这样就能再度享受思维火花碰撞时的乐趣。

其次，我们要用“奥卡姆剃刀”大胆地剃去备课时的多余“动作”，不存依赖之心。不少青年教师上课依赖多媒体，又是放电影，又是播音乐，又是看话剧……我不止一次地看到课件在运行时“卡壳”，教师不知所措，或干着急，或埋头修理，将学生晾在一边。这不是本末倒置吗？还有的教师喜欢“克隆”名家的教案，“移植”名家的教法，以期打造出名家课堂上的那种亮点频现、精彩无限的教学场景。殊不知名家的课是属于名家自己的，是经过不断学习、实践、反思和磨砺的结果，更是名家多年教学经验的累积。如果机械地照搬，依葫芦画瓢，只能得其“形”而难以得其“神”，自然难以收到理想的教学效果，搞不好还会产生反作用。

崔峦老师提倡“简简单单教语文”。我们不要花精力去考虑营造什么样的气氛、如何讨好听课者等花哨的东西，而应该大刀阔斧地“剃”去旁枝末节，将主要精力花在研读教材上，备课时的读书讲究熟读涵泳，沉浸其中。朱熹说：“大凡读书，须是熟读。熟读了，自精熟；精熟后，理自见得。”能入选教材的篇章都值得我们多读，每次读都会有新感受、新收获。这也就是“书读百遍，其义自见”的道理。

我特别提倡有感情地朗读。记得师父于永正老师特别推崇备课时带着情感朗读教材。他认为，朗读是激活文字最好的方法，既能帮助读者发现和排除文字障碍，捋顺文脉，又能让读者深入文本，深切体察，能帮助教师达到文意兼得之效。于老师在朗读《秋天的怀念》一文中的“你要是愿意，就明天？”这一句时，对这里的“？”产生兴趣，多次诵读后，眼前仿佛能看见母亲关切的神情，耳边仿佛能听到母亲充满爱意的话语，小小问号中蕴藏的深情就在反复诵读中被咀嚼出来了。

注意：不要把简洁误会成少做、乱做，或者不做。有人提出备课执教要做到一个“裸”字，看起来和简洁有关，其实是文字游戏遮蔽了眼睛。我们提倡的简洁更注重背后下的功夫。只有功夫深，才能去繁存真。

记得当年我向贾志敏老师讨教：“为什么您在课堂上能如此精准、敏锐地发现学生语言表达上的误差，这语感是如何锤炼的呢？”贾老师回忆道：“毛主席曾说过，文章一要准确，二要鲜明，三要生动。(《工作方法六十条》)准确放在第一位。这功夫不练是不行的。”他说，修炼此门功夫应该先有个基础，那就是对语文的热爱。“有了爱就有了一切。”我清楚地记得贾老师还举了两个例子。一是某球星在接受记者提问——“你何时回美国打球”时，纠正记者说应该问“你何时去美国打球”，因为他记住自己是自豪的中国人；二是夏衍先生临终前纠正护士将“叫医生”改为“请医生”，这种语言的敏感都源于爱。每个教师都要怀着热爱语文之心，“心根”正，才不会在课改大潮中被各种“烟幕弹”所迷惑，才能坚持上出真正的语文课。所以，不要走捷径，也不要提出亮瞎眼球的文字概念，还是要脚踏实地，好好备课。

怎么好好备课？贾老师接着介绍了修炼功夫的第二个秘诀。他说，在生活中，要有意识地开放自己的眼、耳、口、手，以一个观察者的细腻心思和严谨态度主动去捕捉生活中的语言误差。例如，体育频道播音员说“把球打出了界外”，电视剧中的台词“我从小看着你长大”，生活中常听见的“妈妈在冰箱里找东西”等，只要你留心就会有发现，有发现时自己尝试在心里改一改，功夫慢慢就练出来了。所谓语文即生活，也就是这个意思。

贾老师教给我的第三个秘诀，让我至今难忘——睡不着时，背课文；背完了，也就好睡啦。这样胸有成竹地进入课堂后，教师90% 的精力都在关注学生的一言一行，因此学生言语中的误差就好像被放大了一样，很容易就能捕捉到了。

叶圣陶先生在 20 世纪 60 年代赴福建指导教学工作时，对语文教学做了如下阐释：“何以为教？贵穷本然。化为践履，左右逢源。”仔细想想，这几句话就是备课的真功夫，也是教学的高境界。标题中的“奥卡姆剃刀”只是以相对陌生的概念提醒大家：关注实质，简约沉着，刻苦钻研。

检查单的设计与运用

课程改革进入“以学科核心素养为总目标”的阶段后，教学目标的设定越来越得到重视。不少学者发出呼吁：教学目标不应是自上而下的“命令”，而应该是源自学生学习需要、以学生为主体来提出的学习“愿景”，应该转译为“学习目标”。这一转译意味着学习的主体是学生，学习的目标是学生学科核心素养的提升与变化。目标不再仅由教师指定，教师执行，教师检测；目标应转为由师生共同商定，师生在学习过程中共同执行，学习后师生共同检测。这时学习才真正发生改变。从教学目标到学习目标的转译，确实有多种策略和途径，下面我与青年教师分享检查单的设计与运用。

我经常乘坐飞机，发现乘务长和乘务员在飞机起飞、下降等环节中，都要例行公事，对照检查单进行操作行动的检查。我不禁对此感兴趣，搜索后发现，不单是乘务长和乘务员有操作流程，飞机上的各个岗位，包括机长、副机长等，都有不同的检查单。例如，波音 737 系列飞机飞行操作快速检查单大概是这样的——

飞行前

氧气——测试，100%；

导航转换和显示开关——正常，自动；

停留刹车——刹住；

发动机启动手柄——切断；

……

启动前

驾驶舱门——关闭并锁上；

旅客信号——锁上；

方向舵和副翼配平——灵活，0 位；

滑行和起飞简令——完成；

……

滑行前

发电机——接通；

探头加温——开；

防冰——开；

空调 / 增压——设定；

隔离活门——自动；

发动机启动开关——连续；

……

下降

重现——检查；

空调 / 增压——检查；

……

关车

燃油泵——关；

探头加温——关；

襟翼——收上；

发动机启动手柄——切断；

……

离机安全检查

紧急出口灯——关；

窗加温——关；

组件——关；

……

机组人员每次都要执行这份检查单。两两配合，一个读，一个检查，逐一核对，以免遗漏。奇怪的是，每次念的时候，他们都要拿着检查单读。我曾经专门询问机组人员："念了这么多次，绝对能背诵吧？"回答是肯定的。但是，出于谨慎和操作流程规定，他们还是要"照单念"。于是，我不禁又对检查单到底有什么特点产生了兴趣。通过研究，我发现检查单有以下特点。

其一，检查单分板块罗列。先分成大板块，之后再细化。例如，上述快速检查单就分为"飞行前""启动前""滑行前""下降""关车""离机安全检查"这几个板块。分板块，能让一件完整复杂的事变得简单且有条理。**其二，检查单分步骤呈现**。每个阶段该做什么，都根据流程，设计最佳的推进序列。例如"关车"板块中，第一件事是关闭燃油泵，第二件事是关闭探头加温……只要按部就班地核对，就能做到有条不紊且毫无遗漏。**其三，检查单强调操作效果**。在每一项要做的事之后，都跟着对操作结果的表述。例如：在"滑行前"板块中，关于发电机的操作，就要确保"接通"；探头加温，要确保"开"；空调 / 增压要予以"设定"……强调效果，其实就是对之前操作行为的结果检测。随时检测结果，随时评定操作是否有效，以备及时改进。

这让我联想到语文教学，检查单对我们的一线教学大有启发。特别是在效果评价方面，我们之前总是摸爬滚打，糊涂前行。到底怎么教，教了有没有用，教后能否跟进检测，效果是否能被评估，一直是说不清，也不愿意去说清楚的。如果有检查单，教学中做什么，做了没有，做了怎样，应该会显得清晰。心里明白，方可执行，效果也才值得预期。而且，检查单是具体操作者在使用，检查的是教学的整个流程是否合理、能否有效，可以实现对学习目标的确定与检测。

我从飞机飞行操作快速检查单中得到启发，设计研制了教学中的检查单。

一、检查单是什么样的

模仿航空公司的检查单，教学检查单的检查项也可分为前后两部分。前一部分描述学习活动的具体实施行为，中间使用“——”，后一部分是针对该行为的检查效果。例如，“检索文本，确定文中出现的角色——已统计”。前一部分“检索文本，确定文中出现的角色”，就是让学生通过阅读，找到文中出现的角色，确定角色的数量；后一部分的“已统计”，则是对这一学习是否完成的结果描述。

二、检查单如何设计

1. 检查单紧跟教学板块设计

教学分为几个板块，检查单就可以根据教学板块随即生成相应的板块。例如，统编语文教科书三年级下册《鹿角和鹿腿》一课的教学分为“认识‘鹿’字演变，激趣导入”“初读课文，探索寓言中的道理”“抓住描写心情变化的句子，感受鹿领悟道理的过程”“复述故事”“辨析两种观点”五个板块。根据教学板块，检查单也可以设置为五个板块，即“激趣”“初读”“感悟”“复述”“辨析”。检查单的设计跟着教学的板块，让检查单成为教学设计检测的一种手段。

板块有大小之分，从更大的范畴看，每一课时教学是一个板块，每一课教学、每一个单元教学乃至整册课本教学都可视为板块……检查单紧跟板块设计，是一种泛在的状态，有无限的研发空间。当然，青年教师可以走更为踏实的研究路径，从设计好一个个微观的、局部的检查单开始，之后逐步累积为宏观的、整体的检查单系统。

2. 检查单呈现目标细化设计

一节课的教学有特定的教学目标。课堂中的不同板块有不同的教学目标。目标有时笼统表述，有时显得简单。这些都给教师的执教带来困惑：教着教着就教偏了，不知道教到什么程度算是“教好了”，无法判断学生学到什么程度算是“学会了”。借助检查单的设计，最大的改变莫过于目标的细化。细化才能得到落实。例如，在《鹿角和鹿腿》一课中，总的教学目标为“读寓言故事，明白其中的道理”。这是较宽泛的表述，借助检查单，可以细化为六项：①自由阅读整个故事——已阅读；②通过检索式阅读，发现故事中表述道理的句子——已发现；③通过细读故事，探索道理是如何一步一步呈现出来的——已知晓；④复述故事，将阅读收获转化为个性化表达——已转化；⑤辨析与道理有关的句子——能辨析；⑥产生属于“我”的感悟——已产生。

不仅在整篇故事阅读中可以用检查单细化目标，在各个板块教学中，我们还可以借助检查单继续细化目标。以《鹿角和鹿腿》中的“复述”教学板块为例，检查单可以将“复述”这一目标细化如下：①能借助故事文本，同桌互助复述——能合作；②能优先复述故事的高潮部分——能复述；③能增补复述完整故事——完整复述；④能加入自己的理解，实现对复述的拓展、对故事的再造——有创意。

3. 检查单注重自我核对设计

借助检查单，实现对教学目标的自我核对，这也是提示教师要努力实现从设置教学目标转变为研制学习目标。当从教师教学角度出发的教学目标转变为从学生学习立场上提出的学习目标时，“教”就实现为“学”服务，为“学”而“教”。在这个过程中，目标需要被看见，实现“可视化”；目标需要被理解，实现“简易化”；目标需要被执行，实现“交互化”。这三者合并后的最佳选择，便是检查单的设计。

例如，统编语文教科书三年级下册第八单元习作“这样想象真有趣”，习作任务为“选一种动物作为主角，大胆想象，编一个童话故事”。同时，教材做了如下提示：“一旦动物失去了原来的主要特征，或是变得与原来完全相反，它们的生活会有什么变化？又会发生哪些奇异的事情呢？”教材还给出了示范：母鸡能在天上飞，蚂蚁个头比树大，老鹰胆小如鼠，蜗牛健步如飞……

“编故事”是学生的拿手好戏，而且在这个单元中，学生读了《慢性子裁缝和急性子顾客》《方帽子店》《漏》《枣核》四个有趣的故事。教材范文中带有故事如何开头、如何展开想象等各种有益的示范。因此，写出想象故事不难，不能列为主要的教学目标。写好想象故事，让想象故事有趣，既是真正的难点，也是真正的目标。检查单的设计，让目标从“教”的要求，转变为“学”的对照，让学生在写作后能依据检查单，实现自我核对。设计的检查单如下：

我选择了想象故事的主角——主角为动物；

我的开头符合本单元故事开篇的技巧——开篇出现主角；

我在文章开始部分交代了故事的要素——人物、事件、时间、地点出现；

我的故事中主角的特点和往常不同——出现反差；

我让主角在故事中有特别的经历——写出过程；

我让主角用特殊之处处理经历的事件——突出反差；

我写出了故事的结局——感到意外。

三、检查单怎样使用

1. 检查单在教学前拟定

检查单是对照“教”的目标，检测“学”是否有效。因此，在教学前拟定检查单，成为教学设计第一阶段的重要任务。根据格兰特・威金斯与杰伊・麦克泰格合著的《追求理解的教学设计》一书中提出的“逆袭式”设计原理，确定教学目标逆袭为教学设计的“头等大事”，是设计的第一阶段中就要完成的任务。教师确定完成教学任务后，随即就可以同步设计检查单。对任务是否完成具备检测功能的检查单，将成为第一阶段的重要设计任务。

2. 检查单在教学中实践

在教学推进过程中，每当一个阶段的学习任务完成，都可以用检查单进行实时对照、及时检测。如之前提到的“复述”部分的检查单设计，在复述学习结束后，就可以进行逐一核对，检查完成情况。结合教学实践进行的检查单运用，能让每一个教学板块的实施落在实处，让学习过程变得清晰可见，让学习效果真实可验，让学习中出现的漏洞与问题及时得到修复与弥补。

在教学中实践，可以分为个体独立实践与同伴互助实践两类，既可以由学生个人对照检查单，实现自我检查，也可以由同伴互助，相互检查。学生个体使用的检查单，在设计时多以“我能”“我会”等语言来命制，凸显“我”在整个学习过程中的参与性与主动性；同伴互助使用的检查单，在设计时可以突出描述学习项目，在“我问你答”的交互式对照中，互相验证学习项目是否已经完成。

3. 检查单在教学后改进

所谓教学后，存在于教学各个阶段，如：一节课中的一个板块教完之后，所有课时教完之后，整个单元学习任务完成之后，整册书学习完成之后。各个阶段教学完成之后，原则上都应修订检查单。但在具体操作中，改进检查单的最佳时机是两个：“完整教完一课之后”与“完整教完一个单元之后”。

在“完整教完一课之后”，以检查单对照学习，检测目标是否达成；同时也修订检查单，以更准确地描述目标，促进教学设计的调整，提示学生改变学习方式，采用更恰当的学习策略实现目标。这些调整都对下一次执教有益，通过改进，能确定更精准、细致、可操作的目标。

在“完整教完一个单元之后”，还要纵览整个单元中的各个环节设计的检查单，实现整体性调整。这样的调整和修订，辛苦在一时，但效果是深远的、长久的。教完一轮之后，能形成一整套更适应学情、符合学习需要、促进学习目标达成的检查单。

以统编语文教科书三年级下册第五单元为例，单元导读页面提出的教学目标有两条：“走进想象的世界，感受想象的神奇。”“发挥想象写故事，创造自己的想象世界。”在整个单元学习之后，应重点关注检查单中“感受”与“创造”两个学习关键点，让这两个目标能更有效地达成。“感受”更多源于在单元学习过程中对文本的接触、模仿、延伸等认知过程，因此检查单中的学习任务，可以增添深度理解文字的阅读要求，对代表性段落的分析理解，对片段表达的模仿借鉴。“创造”则更倾向于自身的思维活动，是本单元学习的终极目标。因此，检查单中可以增添对学习行为的指导和落实，如：是否和别人不同？能否再多一个设想？和同伴对比，自己的创意特色在哪里？……

四、检查单谁来转译

“教学目标不能再仅由教师掌控和把握，教师可以使用学生容易理解的方式，促进学生认识与理解相应的教学目标，弄清楚怎样才是成功的学习，这就是‘转译’。”[①] 从“教学目标”到“学习目标”的转译中，检查单犹如一个媒介，也像一个平台。在这里，教师、学生可以在设定目标这一项目中，真正实现教学相长、师生共进。

特别是在“学习目标”的转译中，学生成为主动的学习者，未来也将成长为终身学习者，在当下的教学中要做一个“明白人”。所谓明白，就是要清楚地知道：在学习活动中，我该做什么？在学习活动结束时，我该掌握些什么，我能用到什么技能？在未来的学习中，我还有哪些可能？……目标不再“神秘化”，而转为“透明化”“可视化”。转译目标，让学生专注于学习，对自己的学习负责。这一主体能动性、主观愿望的激活，将产生巨大的学习动机，学生自觉监管学习行为，能主动调节学习心理，减少对教师的依赖，最终达到学习目标。

基于此，我认为检查单的设计可以分为这几个阶段：第一阶段，由教师设计。在刚开始使用的时候，教师应该优先设计，做好示范，还可以邀约学生参与设计过程，同时用好检查单，对照教学执行，检测教学效果。第二阶段，在使用检查单一两个单元之后，可以让学生参与设计。此阶段中的教师依然主导设计，学生辅助设计，把关审定

① 曾文婕.从“教学目标”到“学习目标”：论学习为本课程的目标转化原理［J］.全球教育展望，2018（4）：11-19.

设计结果，进入师生合作设计过程。第三阶段为学期末的单元复习，可以由学生自行设计，即便是错误的，也是“试错”的学习历程。第四阶段是学期末，也可以延展到假期中，师生可以针对检查单的调整，共同完成一个学期的学习检查单。

当然，检查单的设计需要不断尝试、提炼。四个阶段未必都能顺利推进，有时可能需要倒转，回到第一阶段；有时可能要跳跃到下一阶段。一切都因学情而定。

设计教学，须融入深度思维

深度思维并不是什么高深的概念，是相对于浅层思维、草率思维而言的。探究思维深浅，源于和青年教师一起听课时发现的三种“听课景观”给我的启发。

第一种，不停地刷手机。显而易见，听课者根本不在听。

第二种，一边听一边从容地做笔记。教学节奏缓慢，重复环节较多，听课者有足够时间用文字记录课堂。至少，有东西记录下来，都算是收获。特别是如今课堂上有一种“风”——大段大段时间留给学生写一个片段，大段大段时间重复地做一件事。用这些时间补充前面的课堂笔记，也还算是值得的。

第三种，不刷手机，也不做笔记，就是听课，眼睛都不眨一下。正如杭州师范大学叶黎明教授所说，“听这种课，全程无尿点”。为什么？课堂节奏紧凑，需要听课者思维紧紧跟随——有时候笔掉到地上了，花点时间找到并捡起来，就不知道课上到哪儿了。

我们比较喜欢第三种“景观”，这样的课堂上，教师和学生都需要深度思维，需要让大脑紧密相随。学习就在思维迈向深处的时候，真正发生着。

思维浅陋的课，大概也有三种。

第一种，看这一步，知道下一步。只要看教师执教时做到这一步，人们就能猜到他下一步要做什么。每一步都是按部就班，都是理所当然；条理性是有了，可是吸引力不大。可想而知，学生也在等待

“下一步”到来，都在刻意“配合”。

第二种，不管做什么，都是老套路。教学思想、教学方法没有更新，不管什么时候都按照老套路上课。一节课看起来教得辛苦，什么都教，满满当当的，但是学生的收获不多。虽说语文教学是要尊重传统、研究传统、延续传统，但也要注意守正而后创新。创新的成分太少，对新时代的学生来说，就意味着教学对其吸引力不足。

第三种，教了半天还找不到出路。这可能是最糟糕的。教师上课的思维就是乱的，逻辑条理不清楚，也许要讲什么自己也不明确。可怜的是学生，好好的童年陪着空转，下课时被问“你学到了什么”而回答不出来的时候，还被评价为“笨，不聪明”“教都教不会”……

思维太浅，教学的意味就不浓。因此，我建议青年教师在教学设计上要注重融入深度思维。相对于浅层思维而言，深度思维体现在三个方面。

首先，不能想得太直接。如同下象棋，高手总是想到后面将出现的三步、四步、五步、六步之后；下好眼前这一步，似乎看不出目的，吃不到棋子，可完成了更为重要的布局。反过来看，如果思维太浅，想到一步就下一步，下一步就要吃掉一个棋子，显而易见，没有大局观，也许自己的大本营都被包围了还毫不知情。

设计上融入深度思维，开篇和结局可以环环相扣。深度思维下的设计，之前可以埋下伏笔，好像预留一个“燃点”，后面一定引爆这一“燃点”；深度思维下的设计，上一个环节和下一个环节总能够无缝对接。例如，我在执教统编语文教科书五年级下册《草船借箭》一课时，设计了评价诸葛亮的环节。第一个环节的评价，引用了清代毛宗岗说的“智绝”“古今贤相第一奇人”，引导学生对诸葛亮进行相对正面的评价；到了课堂结尾环节，引用鲁迅先生的“诸葛之多智而近妖”，对《三国演义》塑造的诸葛亮形象进行对比性很强的反向评价。就在这一正一反的思维中，我引导学生深入思考，全方位了解诸葛亮其人。因此，之前的信息提供并不是用在一时，也不是生硬的结果呈现，而是一种思维迈向深入的参考。

其次，不能想得太自我。所谓自我，就是总是从自己的角度去构思，以“我”为中心去思考问题，以为“我这样教，学生一定能会”；当学生学不会时，总是埋怨学生悟性太低，学习能力不足。殊不知，正是因为你的教学设计不合理，没有从学情出发，教学的角度不恰当，这才带来不良的教学效果。例如，我经常见到一些青年教师用碎片化的语言，进行“碎碎念”式的灌输，即遇到教学点必讲，从头讲到尾，讲得很累却无效。实际上，只要换一个角度，备课设计就变得生动了。你可以从学生的角度去思考：学生需要什么？在学习中会遇到什么困难？怎样学才更好？

例如，执教统编语文教科书三年级下册习作“身边那些有特点的人”时，我们总以为教学生写人的方法，像正面描写、侧面描写、事例印证描写等，他们就一定能够写好。其实，从学生的角度来说，他们缺的不是写作方法，因为方法在阅读时早就习得；他们缺的是对身边熟悉的人的深切关注、持续观察以及发自内心的喜爱之情。只有将这些设计出来，使其成为写作教学中不可或缺的重要元素，学生才有可能把身边人的特点写出来。文字和印象的相互转化，情感就是桥梁。在教学设计中融入深度思维，就是激活学生和熟悉的人之间早就存在的但有可能被隐藏的情感。

最后，不能想得太浅近。浅近地想，就是停留在表面，就事论事，只看当下。以教学中的首要大事——教学目标的确立来看，很多教师主张“一课一得”，每一课设定一个目标。这是好事，但如果只想到“这一个”，难免微观。教学内容的选择应该放到更系统的深度思考之中，要放到学科发展的逻辑之中。例如，你可以有宏观的教学目标，比如：语文学科核心素养是什么？由什么构成？义务教育语文课程标准是怎样的？如何提升语言表达能力？如何提升思维品质？如何弘扬正能量？如何传承优秀文化？……在宏观目标的观照下，还要顾及中观目标，根据教材单元导读，瞄准单元教学目标，最后根据单元教学目标，确定本次教学的目标。这样实现“一课一得”，才比较可靠。每一课完成一个小目标，组合起来就成为单元教学目标，就有了系统。总之，教学设计要思考周全，融入深度思维，执教行为才会比较合理。

例如，统编语文教科书三年级下册的《鹿角和鹿腿》一课，目标是复述故事。如果你只在意复述出课文的内容，就会把学生逼往“仅凭借记忆复述”的浅层思维。但如果你注重复述目标的前后承接性，注意与一、二年级的复述目标相关联，实施三年级应有的复述，让复述能力本身也有提升的空间，这样的教学目标就真正对学习有效，对学生有引导作用了。所以，我在教学时，就使用“借助关键词”这一支架，鼓励学生融入自己的趣味想象，结合对寓言故事寓意的理解、感悟，实现创意复述。

在教学设计中更多地融入深度思维，深入去思考，去设计，才能让你的课堂“全程无尿点”。这样的课，你看到的将不再是旁听的教师一边听一边刷手机，而是大家舍不得花时间做笔记，因为他们被你的课深深吸引。

对目标的理解，成为有效教学的保障

理解目标，是教学有效的首要因素。三至六年级统编教科书在单元首页直接亮明目标，无疑是编纂上的一大特色，也是巨大的进步。目标的陈列，让一线教师在执教时明确“我要去哪里”“我要做什么”。指向目标的教学，也是《义务教育语文课程标准（2022 年版）》（简称新课标）倡导的“教—学—评”一致性的前提与基础。

统编教科书的目标陈列相对简单，以当前教科书为例，均为一句话。虽然表达准确，言简意赅，但由于不提供更多信息，一线教师无法进行精准的把握与解读。这将导致理解目标的偏差。例如，四年级上册第五单元的学习目标为“了解作者是怎样把事情写清楚的”，看起来就是让学生去“了解一下”“感受一下”，至于具体要展开哪些学习活动，要达成何种程度，要获得什么样的学习成果，均未明示，需要教师自行进一步解读。基于此，一线教师在备课时需要参考的内容很丰富，诸如课后练习、交流平台、教辅书籍等，以期综合得出对目标的理解，找到目标落地的具体实施方案。这样“见仁见智”的个性化、分散式、自由度极高的解读，正是造成教学效果差异的主要原因。

在解读目标时，鉴于教师个人水平的差异，会催生三方面的问题。

问题 1：造成对达成目标主体的混淆。教师很容易将目标当作自己执教的目标，而忽略学生才是抵达目标的主体。没有搞清楚这是

“教师教的目标”还是“学生学的目标”，容易让学生的学习活动陷入被动。新课标的颁布，意味着我国课程改革正式进入“学为中心”的时代。教科书中的目标，指的应是“学生要学成什么样”，设定的是本次学生展开学习后要抵达的终点。教师的主要职责是通过教学设计提供支持，辅助学生抵达目标，而不是顾及自己要“如何教”，更不是要让自己成为教学中的主角。

问题 2：缺乏对达成目标过程的重视。以上文四年级上册第五单元的目标为例，表述中指明了本次学习的结果状态为“了解作者是怎样把事情写清楚的”。仅学生单方面表态“我知道了”“我了解了”就算是抵达目标了吗？“知道”“了解”的结果如何获得？怎样量化？学习中的方式、路径、策略等程序性知识应如何掌握？学生要经历何种过程才能抵达目标？教师在解读目标时，经常忽视“经历”而直奔“结果”。因此，常有教师将背诵、抄写、记忆陈述性知识条目等对结果的直接认定，视为目标达成，导致陈旧的灌输式教学的“复辟”；也常有教师将部分优等生的个性化解读成果当作全班学习成果，直接宣布学习完成，导致“教得风生水起，考得一地鸡毛”的窘况。

问题 3：简化对达成目标效果的认定。是否抵达目标，评估系统无法提供证明。例如，有时结果是由部分优等生的“顿悟”产生的，这原本就是个案，是特殊的学习结果，不是集体的学习成果。教师却急于以偏概全地认定。又如，很多时候教师仅限于自身临场的随机观察，就施与口头评价，就认定目标抵达，缺乏合理的检测与评估手段，不能真实衡量、刻画完成的情况。

在《理解为先单元教学设计实例：教师专业发展工具书》一书中，杰伊·麦克泰与格兰特·威金斯对“理解”有两个界定：“一是‘意义建构活动’，即学生能够主动建构新知与旧知之间的联系，利用已知内容从新信息中创生意义，通过推断和联系获得深层次的理解；二是‘学习迁移活动’，即学生能够将理解、知识和技能有效运用到新的情境之中，并逐渐减少相应的指导或提示，直到完全不需要他人的扶持。”[①] 可见，对于学习目标的理解，不是笼统意义上的“一读就懂”，而是能清晰分解，清楚认知，让目标经过解释、建构、加工后，能关联新旧知识，将所学的知识与技能有效运用到新的情境之中，并不断向往更为深层次的学习领域。[②] 要正确理解目标，首先要理解目标是怎么来的，有什么用，即认识目标的“确立步骤”“来源”以及“功能”。

李坤崇教授在《学业评价》一书中提出确立目标的三个步骤：其一，依据能力指标来剖析新设计的学习活动中的学习的重要内涵。其二，分析学生在学习前会做什么、知道什么，了解所设计的能力指标与其他能力指标的关系。其三，根据前两项的预期能力指标或教学目标、学生现状，掌握各学习领域的精髓与理念，以决定认知、技能、情意等目标的层次。[③]

步骤一说明了目标源于新课标。因此，任何单元导读页面中出现的学习目标，都能在新课标的学段目标中找到与之相对应的条目。例如上文目标中的“写清楚”，在新课标第二学段的“阅读与鉴赏”中就提出“能初步把握文章的主要内容”，在“表达与交流”中也有“能清楚明白地讲述见闻，说出自己的感受和想法”“注意把自己觉得新奇有趣或印象最深、最受感动的内容写清楚”的表述。步骤二说明了目标不是孤立存在的，也不是横空出世的，而是由前后关联的几个目标共同组成的、逐步提升的目标系统。这一系统确保学生在目标的

①② 杰伊·麦克泰，格兰特·威金斯．理解为先单元教学设计实例：教师专业发展工具书［M］．盛群力，张恩铭，王陈烁，等译．宁波：宁波出版社，2020.

③ 李坤崇．学业评价［M］．上海：华东师范大学出版社，2016.

核心学习点上呈现承前启后、螺旋上升的发展趋势。例如上文的“写清楚”，在三年级下册第三单元中就有要求，表述为“了解课文是怎么围绕一个意思把一段话写清楚的”；第七单元又提出“了解课文是从哪几个方面把事物写清楚的”。可见“写清楚”的要求是从一段话到一篇文章，再到对多个作者的一整组文章的关注，复杂度不断提升。又如表 1-1 所示，上文目标中出现的学习动词“了解”，在不同单元的学习目标中不止一次出现。可见，“了解”这一学习活动是多次进行的，且伴随着不同的学习内容，有着不同的结果，满足着不同的学习需求；亦可见，“了解”这一能力，是小学生必须掌握的，是对语文学习提供持续支撑的关键能力。

表 1-1　统编教科书中关于“了解”的单元要素

年级	单元	关于“了解”的单元要素
三下	第三单元	了解课文是怎么围绕一个意思把一段话写清楚的
	第七单元	了解课文是从哪几个方面把事物写清楚的
	第八单元	了解故事的主要内容，复述故事
四上	第四单元	了解故事的起因、经过、结果，学习把握文章的主要内容
	第五单元	了解作者是怎样把事情写清楚的
四下	第三单元	初步了解现代诗的一些特点，体会诗歌表达的情感
	第五单元	了解课文按一定顺序写景物的方法
五上	第三单元	了解课文内容，创造性地复述故事
	第五单元	阅读简单的说明性文章，了解基本的说明方法
五下	第六单元	了解人物的思维过程，加深对课文内容的理解
六上	第二单元	了解文章是怎样点面结合写场面的
六下	第二单元	借助作品梗概，了解名著的主要内容

步骤三说明目标中蕴含的学习并不是“单一点”，而是“复合体”，至少包括学生应学习的知识、须掌握的技能、要发展的情感等。目标为日常教与学中的执行参照，同时对新课标所提及的核心素养总目标进行密切且积极的回应。每一次的学习都要朝向目标，这就是落实核心素养最为简单且有效的行动。

基于来源确立的目标对“教”与“学”均具有特殊的功能，具体表现为以下6个方面：①优先筛选。为使学生获得认知的升级，教师应筛选教学方法，设计学习活动。②助力推动。为了学习过程的顺畅推进，教师应合理安排学习流程，提供必要的辅助资源。③提前预备。在学生掌握学习内容之前，教师有必要事先精确地掌握学习内容。④设计评价标准。为测定学生是否获得学习成果，教师应优先设计评价标准，且让其更适用于全体学生，更为客观，易于操作。⑤预估困境。为最大限度地确保学生获得学习成果，教师应对可能出现的问题进行充分预估，并设计补救教学的方案。⑥诊断改进。为最大限度地面向全体，处理复杂的学习情况，教师应具备诊断及改进教学的意识和能力。

基于以上分析，在统编教科书所呈现的简单目标的基础上，教师可以对目标进行更为丰富且精准的解读，叙写理解目标的结果，使其成为教师自己可读懂、可执行、可监控、可检测的清晰的计划，在具体的单元课文学习中落地执行。理解目标应兼顾学生应学习的知识，须掌握的技能，要发展的情感、意志、品格等。对应形成的目标叙写要点如下：

其一，学生能学到什么知识，获得哪些认知的提升？此条在叙写表述时，以“学生”为学习主体，以“应知道”为引导词，叙写目标中提示的必备知识点。

其二，学生能发展哪些能力，或者能更为熟练地掌握哪些技能？此条在叙写表述时，以“学生”为学习主体，以“须能够”为引导词，叙写目标中蕴含的核心技能。

其三，学生能培养何种观念、态度？培养何种理想、兴趣？形成何种人生观、价值观？此条在叙写表述时，以“学生”为学习主体，以“可发展”为引导词，叙写目标中可开发的人文素养。

为论述方便，本文集中使用四年级上册第五单元的学习目标“了解作者是怎样把事情写清楚的”来逐步分解叙写过程，提供叙写目标的一线样本：

（1）学生应知道课文中作者用了哪些方法来写清楚，应知道方法是什么、用在何处，发现并标注出使用方法写清楚的部分。

（2）学生须能够对课文写清楚的部分进行分析，能欣赏写清楚的部分；特别关注方法在这些部分的使用效果，能理解方法在表达中发挥的作用。

（3）学生可发展“清楚”的语言表达素养，培养按步骤有序执行的处事品质。

之前，教师习惯地将目标叙写成“三段论”。第一段，基础知识的掌握。如：能认识多少个生字，能书写多少个生字；能正确、流利、有感情地朗读课文。第二段，基本能力的提升。多瞄准句意、文义的理解。如：理解难懂的句子；学会某种写法。第三段，思想情感的宣教。如：培养某种思想感情。更准确地说，这些目标是教学的内容，不用写，教科书中已经是“摆着的”，在教学中直接去做即可。例如，要认识和书写的字词有多少、是什么，都在生字表中，教学时应让学生扎实地完成。要朗读的课文，课后题中也反复提及，教学中就要同步落实。此外，这样叙写的项目，仅对教师一方做出约定，对学生一方不构成约定。因为是否完成了生字词的教学，教师自己说了算，并未对学生应该学到什么程度有所涉及。

对比可知，改良后的叙写方案，从学生的学习需求出发，瞄准“知”“能”“意志品格”三个层面，全面提升学生的核心素养。教师能正确理解目标，才能精准定位教学；之后就是设定评估方案、收集证据、评估教学的成败，在目标与评估方案的共同指引下，设置教学流程，执行教学任务，组织教学活动，直至抵达目标。可见，理解目标是一切的基础，也是教师极易忽视的部分。

此文意在唤醒一线教师对目标理解的关注，提供目标叙写的具体方法，让教学达标成为可能。

课堂教学不够灵动，还能上好课吗

很多青年教师在听了示范课之后，感觉到很沮丧。备课时，他们不约而同地向我发出这样的疑问：如果我确定是因为性格等原因，使自己的课堂教学不够灵动，例如学生的问题“接不住”，需要评价的时候不知道该说什么，课堂有突发情况时也不知道如何处理……那么，我还有机会发展吗？我还能上出一节好课吗？

性格是造成教学失效的原因吗？性格也许是一种影响因素，但和教学效果之间绝不存在必然的因果关联。同时，教学并非只有随机应变的灵动，也不可能只有幽默这一种风格。真相是，较大的一个群体，是做不到灵活应变、幽默风趣的。所以上文这一问题，如果思考出结果，对大部分青年教师而言是极为有益的。

实际上，这也是我一直在思考的问题。以我自己为例，反思的结果如下：首先，课堂上灵动的表现，并不是天生造就的，而是经历三十年执教，在无数次打磨后形成的，其间也经历了反复、颠覆、纠缠……每个人最终选择的风格是不同执教生命状态的反映，并非刻意而为。其次，课堂教学如果是一门技术，或者最终能上升为一门艺术，那么必定有其练习、发展、提升、延展的路径。而这样的路径中携带的，将是最为普遍的范式，也是这一行当中最为基础的逻辑。只不过，我们需要在表象之下继续探索，找到规律而已。

因此，如何给广大青年教师提供最有效的课堂备课、设计、执教的辅导，让每一位教师都能在教学中找到方向、获得尊严、增加职业认同感乃至获得人生的幸福感，也随之成为一门学问。我用了近两年的时间进行教研直播服务，此间完成了小学二至六年级上、下册所有的课文篇目的配合和设计，涵盖阅读与作文两个板块。大量且全学段、全覆盖的实践也让我渐渐发现了深藏其中的基本原理：如果青年教师经过判断，确认个人灵动性、应变性不足的话，破解的路径就是“花更多的精力在课前做好准备”。相对而言，最糟糕的应对方案是既不充分准备，又抱怨与推责给性格。“干瞪眼”与“瞎忙活”是可以通过预设得以转变的。

我给青年教师的建议是，请将更多的精力花在事先准备上。具体而言，应该准备的至少有以下三个方面。

一、优先确保理解目标

教学无效，大多是不知道要教什么，要教到什么程度。不少教师备课时是不看目标的，他们更为关心的是：这节课有参考资料吗？有课件可下载吗？课文是旧的还是新的？我熟悉吗？如果是熟悉的旧课文，我就按照旧的方法上；如果是不熟悉的新课文，我就按照教辅资料教。教到哪里算哪里，总之不讲错就行。因此，许多课堂上的教学内容，都是一再重复的“老一套”。例如，凡是有比喻句就分析，凡是有排比句就高声朗读……

殊不知，没有理解目标的教学，连“错”的资格都没有，因为教学是无效的。例如统编教科书五年级上册第五单元的习作“介绍一种事物”，看起来是写一篇说明文，教师很容易将其理解为用举例子、列数字、打比方、作比较等常用的说明方法说明一种事物，因此可以写得很“古老”，因为这样的说明文他们“打小就熟悉”。

理解目标才能找到教学的方向。此单元的目标表述为“搜集资料，用恰当的说明方法，把某一种事物介绍清楚”。可见，“说明事物”这一目标的达成，必须经历事先搜集资料。同时，说明方法并不是全用，而是选用，选用之后还要调试，直至合适，达到“说清楚”的效果。而对于五年级学生而言，“清楚”含义丰富，包括对象是什么样子的，具备什么功能，如何操作使用，历史发展与后续延展会怎样……这些都是目标中暗含的学习指标。没有对目标的了解，最典型的失误就表现为让学生当堂直接写，追求一篇陈旧的、贴标签式的说明文的出现。于是，课堂上出现五年级学生还在写老式电视机、电冰箱、文具盒、玩具……这样的写作，丧失了最重要的意义。“借助资料”既是学习路径，也是新课标下写作教学的特征，更是写作学习中具有研究色彩的重要组成部分，是一种能力考验。这是本次习作的意义。

对目标理解的缺失，必然导致教师在课堂上碌碌无为，因为不需要作为；导致课堂学习气氛沉闷，学习成果缺乏应有的价值。而往往此时，教师对教学效果的反思会归结为“性格原因”“学情不佳”等，真正的问题并未被发现。因此，优先确保对目标的充分理解，是解决问题的第一要义。

二、针对目标设计评价

这是部分教师在课堂当下不知道要做什么的关键原因。

即便是成熟型教师，或者说能够做到随机应变的人，也要花大量时间去设定针对目标的评价标准。问题在于越是茫然、迷糊的教师，越欠缺对评价标准的考虑，误以为评价就是听听学生说什么，然后做些反应。无效的评价自然造成教学效果的缺失。

关于评价，教师可以从三个方面考虑解决方案。

第一，评价内容，即到底要评价什么。对评价内容的思考，原则上就是和目标保持高度一致。继续以上文的习作为例。目标决定了评价的内容是能否搜集资料，资料是否经过筛选并实现有效运用，是否使用适当的说明方法，是否将对象说明清楚。教师在理解目标后，针对目标设计评价内容，就会知道课堂上该干什么。

第二，评价等级，即设计不同层级的评价结果：做到何种程度算是合格，何种算是良好，何种算是优秀。以上文的习作为例，其中的使用说明方法，可以设计为仅使用一种且说明清楚为合格；使用两种且说明清楚为良好；使用三种或者以上，能将对象表述清楚则为优秀。依照目标对学生的学习表现予以区分，让评价结果更有指导性。

第三，评价操作，即如何实施评价。具体包括在什么时候用、以什么形式进行等。例如：学生写出一段说明文时，教师是否立即针对这一段话进行评价？是让作者本人反思还是由同伴互相评价？教师是否提供可供勾选的表单？结合目标，对评价的运行方案、操作流程要事先构思。这将影响评价本身能否发挥作用。

倘若教师能在走进课堂之前，花更多时间在如何鉴定学习结果这件事上，教学就不会显得自由散漫，学生的学习也能更为准确地找到方向，教学效果才能得以保障，教师本人也不至于“不懂该说些什么”“不知该做什么”。

三、更充分地解读教科书

教学效果不佳时，教师会认为自己不善于设计，能力不足，所以舍近求远地求助于教辅资料、他人的课件，忽略了教科书中细致而翔实的流程指导，这是舍本逐末。

依然以上文的习作为例。教科书中清清楚楚地告诉教师："写之前，细致观察要写的事物，也可以搜集相关资料，进一步了解这个事物，想清楚从哪几方面来介绍。"研读教科书，每一位教师都知道该做什么，教师清楚了，学生也就清楚了。

读教科书时，教师会发现其对写作的内容也予以规约，研读后可以精准设计评价标准。例如：写清楚事物的主要特点；试着用上恰当的说明方法；可以分段介绍事物的不同方面。学生完成初稿后该做什么，教科书表述为"写好后，与同学交流分享。如果别人对你介绍的事物产生了兴趣，获得了相关知识，你就完成了一次成功的习作"。所以，评价可以针对"是否有新鲜感""是否让同伴获得相关知识"进行，让评价促进全体学生的认知成长。

充分解读教科书，教师能获得教学流程，能明确教学内容，还能知道自己在写作前、中、后，到底该做些什么。既然教科书予以明确的指导，何必另辟蹊径呢？如果你确认自己是因为性格而不够灵动，则更应该研读教科书，落实其中的学习步骤和指导意见。只有这样做，"不够灵动"的你才能对每一步要做什么做到心里有数；心中明白，操作也就不慌乱，才有可能变得相对灵动。

真正的秘密在结尾说破：做到这三点时，教师会发现——看似灵动的教师，其实就是因为在这三点上做得更投入、更彻底而已。因为这三件事，就是设计与执教的底层逻辑，是意义非凡的。不管教师本人属于何种气质，有何种教学风格，都要努力去做这三件事。做了这三件事，学生才能够在你的课堂中有所得，有所进步，有所发展。个人的性格，不能成为影响学生进步的障碍。

警惕预学单成为全新负担

预学单从诞生到如今，以火箭升空般的速度完成了从新事物到课堂常态的蜕变。特别是在公开课中，青年教师经常使用。一般情况下，推广得特别快、特别广的东西，我都希望大家对其报以“谨慎的欢迎”。

在最近几次听课时，我都看到预学单的影子——事先布置学生学习部分内容，完成预学单的填写，之后在上课时带着预学单进入课堂。我随手翻看了几张预学单，发现大同小异，不外乎是对本课生字词的自学、对课文重点内容的关注、对疑难问题的思考等。同时，我也发现，预学单之所以迅速风靡，是因为它至少有三个明显的好处。

第一，有利于学习习惯的养成。这一点不言而喻，也是预学单存在的最大价值。习惯的养成需要历练，历练的过程要循序渐进。所以，完成预学单，真的能养成好习惯。

第二，有利于初级障碍的扫除。确实，有些内容不需要在课堂上讲，有些内容不能等到上课时才讲，这些都可以成为预学单关注的对象。例如，新课中不懂的生字词、不理解的词语、含义深刻的句子，或者是课后的思考题，确实都可以在初读中得到解决。我们称之为扫除初级的阅读障碍。倘若这些内容都留到上课，势必让课堂教学变得“臃肿”而低效，也会让学习变得索然无味，教学变得很不顺畅。

第三，有利于教学资源的生成。在预学时获得的收益，在预学中遇到的困难，都可以成为课堂教学中的全新资源。这些资源更符合实际，更符合学情需要。进入课堂之前，就有鲜活的教学资源生成，这真是一件好事。课堂上用好资源，以学定教，效果好是不言而喻的。

但如此火爆的预学单，其实是一把“双刃剑”：设计操作得好，教学变得高效、便利；一旦操作不当，就成为一种全新的负担。我发现，在大多数情况下，青年教师的预学单，由于过度使用、过于呆板，最终都成为学生学习中的全新负担。

第一，将作业提前至课前。预学单中涉及的课文重点内容填空、课文关键语句理解等，在预先学习时“先学先做”，这固然好，但实情是学生并不喜欢。请不要忘记，这些内容在课后练习时，他们往往还要再做一次。这样就等于重复练习两次，负担增加在“量”上就显而易见了。而且，上课前做作业，课后又做作业，还使学习的过程变得烦琐。记住，所有的麻烦都是自找的。

第二，将任务转嫁到课外。原本应该是课堂教学中要完成的学习任务，如今很有可能通过预学单这一“二传手”，直接转嫁到课外学习领域。也许青年教师依然固执地美其名曰“预学”，但实质上逃避疑难点教学的责任，已成为不争的现实。删减学生最近发展区中认知的获取过程，占用课外时间来完成课内应有的学习，延长学习的时间，都是现实中出现的实情。例如，预学单中比较常见的“说说你的想法”“说说你在遇到这种情况时会怎么做”等，原本是当堂学习任务，如今都在课外完成，在“先入为主”的心理作用下，如果学生完成的质量不高，就会对学习产生干扰。

这两个负担，还催生了教学中的三个怪象。

第一，该教的不教。阅读不都是自读。教学讲究教读，教师不教，学生就不会读。如今，问题都依靠预学来解决，让预学替代教读，“以学为主”成为一种热血口号被肆无忌惮地扩大，真让人觉得可怕。

第二，该陪的不陪。学习并非都要独立。合作与陪伴，也应是学习的一种方式。伴读让师生在互动中成为学习的伙伴，让学习在相互陪伴中发展，这都是值得体验的乐趣。预学单的过度使用，让学习成为学生的个体活动，缺乏了教师的参与，闭门造车的倾向让学习的格局窄化。

第三，该帮的不帮。学习中最具价值的就是建构的过程，建构的过程就体现了教学相长。教师可以借助教材，通过教学设计，辅助学生完成学习活动，实现认知的升级。很多看起来像是个问题的内容，通过教师的辅助，都将不成问题，而成为一种让人欣喜的学习经历。如今过度依赖预学单，将各种应有的辅助屏蔽，会让学习陷入孤独的困境。

说到这里，你可能不禁要问：如何能让预学单既发挥真正的作用，又避免成为新的负担呢？我提出三点建议。

1. 在内容上注重回避与侧重

所谓回避，即应避免预学单的内容设计与课后练习的内容雷同。教师可以事先看看要学生做的练习册、生字书写本、课后习题等，不要让预学单出现重复的内容。所谓侧重，应重在让学生体验到最为质朴的初读感受。“预学”，顾名思义，就是预先学习，就是让学生在身体和心灵放松的自然状态下，尝试接触文本，产生一种近似于本能的阅读反应。这个阶段所涉及的学习活动，应努力维持学生最为朴素的理解与感受，不要有太多的暗示，也不要有太多的人为干扰，否则就丧失了预学的特质，让预学成为一种变异的教学。

记住，初次学，预先学，最可贵的是获得一种“质朴的美感”。

因此，我们大致可以判断，关于阅读教学中的预学，最佳的内容就是读——各种形式的读，多读少练，或者不练。读通读熟，一切自然有所领悟。各种涉及对重点语句的理解、对疑难点的纠缠，都有点操之过急的意味。

2. 在形式上注重改良与创新

目前，我们看到的预学单大部分还是“手工作坊”的产物，以填写各种内容为主，填单子、做题，形式单一。预学单就在这老旧的形式下，异化为一种新型的作业，成为名副其实的全新学习负担。

我给出一种形式上改良的方案——设计学习项目。瞧，这一改良，让预学单成为一种创新，而不是原先的“预习作业”的变种。预学时，不要以填单子为唯一形式（其实这样做，更多的意义是供教师检查）。真正的预先学习，应该让预学本身成为一个学习项目。只不过，教师需要将项目完成的难易程度定位在“预先就可学”的基础上；项目指向的是“即将要学”的文本，项目的价值在于“有利于继续推进学习”。给学生设计一个学习项目，让预学成为一种挑战，而不是新形式的“炒冷饭”。例如，可以根据教学目标，设计收集信息的项目。信息有利于在课堂学习加工时，形成进一步理解。又如，设计动手实践项目。完成一个实验，经历一次体验，即便是失败，也是一种有益的“尝试错误学习方式”，有助于最终的学习任务的完成。

从这个角度来看，很多人试图对预学单本身设计出固定的“格式”，这是极为幼稚的。文本不同，任务不同，学习目的不同，怎么可能有相同的模板？这就好比要制造飞机的与要制造火车的，居然希望使用同样的模具，既能造火车车厢，又能造飞机机舱。

3. 在用法上注重借鉴与共享

每一个学生的预学单完成之后，要有多种使用路径。预学单绝对不是供教师检查的“另类作业”。预学单应该成为教师与学生之间共用的教学资源，成为学生与学生之间共同流通的学情信息，成为集体学习活动中共享的学习信号。如：你学到了什么，我拥有了什么；你思考了什么，我探索了什么；我们可以在未来的学习中共同拥有些什么……预学的结果要更多地被同伴借鉴，被集体共享，才能够让预学真正发挥重要而不可替代的作用。

预学单是个好东西，但不表示它是万能的。教师要把握好使用的范畴、使用的程度、使用的形式，不要生硬地、强制性地使用，这样才能把预学单用到实处，才能让学生体验到好处。

教学设计的三大“梗”

先说一个有意思的话题：和青年教师相处久了，我对网络语言的态度也由原先比较排斥，变成如今主动使用。例如，本文标题中出现的“梗”字，看着就带有鲜活的网络语言气息。“梗”字有多种解释，本文取的是“阻塞，壅塞不通”之意。

因此，本文标题可以这样解读：青年教师在教学设计上，有三个问题比较典型，影响了教学的有效性。

我想起自己年轻时学老教师备课，非常辛苦：没有电脑，每一次试教，四十分钟的教学实录都是手写；每一次修改后，都要重抄。所以，一课备完，产出十万字的手稿真不是神话，也正因此才练出了硬功夫。如今的青年教师有了电脑，这里修一修，那里改一改，很快就完成了教学设计初稿。成本很低，收益就不高。当然，时代在进步，我的方式和思想也要随之变化，我只是感叹：别以为老天不说话，它的公平，就在于让每个人都遵循同样的规律——付出多少，就给多少回报。

言归正传，青年教师的教学设计有三大“梗”，必须予以正视与规避。

一、入课太慢

这是流行病。似乎既为了拉近与学生之间的距离，又要让人觉得自然而然，因此在入课时，青年教师喜欢采用各种方式：放电影、看图片、猜谜语、读诗歌、听音乐……花样繁多，打的是“花式组合拳”。有时候过了三五分钟了，还让人不知道要做什么，而后突然峰回路转，抛出话题。其实，之前的各种花架子，皆可删去。别的不说，耗费了有效的教学时间，得不偿失。

也有不少青年教师在这个问题上很不服气：“你看，那么多名师的公开课，入课耗费的时间也很多，怎么我就不行？”我呵呵一笑，劝告说：“等你成为名优教师时，上课你说了算。”如今的“四十分钟大魔咒”，既是约束，也是一种执教与设计的艺术。要知道，名优教师在成长过程中，也经历了四十分钟对他的制约，概无例外。

二、推进太平

这是致命伤。一整节课上下来，顺如流水，但味同嚼蜡。确实，设计求稳，确保顺利也是要义，但教学没有层次，没有递进，就是低效甚至是无效的表现。具体来说，推进太平，基本上就是陷入三个“坑”——从头讲、逐段讲、重复讲——中的一个。一篇课文有几段，就从开头第一段讲起，每段都讲；一个学期不管几节课，凡是遇到要讲的内容，就都讲一遍，生怕学生不会。例如，凡是遇到比喻句，就问一次：“这句话把什么比作什么？”听了学生的回答后不放心，继续问：“你再说说，这句话是用什么比喻什么？”什么都不放过，上课像念经，教师自己就快成为“小和尚”，因为讲这些很轻松。其实，有效教学就应该做到层层推进、举一反三，而不是事无巨细、一一挂念。

以统编语文教科书二年级上册中的口语交际课“商量”为例，如果采用推进式教学，就应该对于商量的方式、策略、话术等有所计划，不断推进，不断提升商量的难度，让学生感受生活中各种情境下的商量，在实战中解决问题。而有些教师采用平推式教学，那商量只不过是根据教材要求，“换话题”“换对象”而已。如：和值日生商量，让自己先走一步，回家过生日；和同伴商量，借书延迟归还；和爸爸商量，让自己先看动画片……商量了一节课，商量的本事一点都没长，一律是“我对你说，你答应我”。

三、要点太多

这就有点“绝症”的意思了。要点多，又奉行从头教到尾，生怕遗漏，字、词、句、段、篇，事无巨细，逐一灌输。教学没有设计，就没有重点，没有达成目标的可能。我也承认，这是青年教师在教学设计上的必经阶段，但应该尽快清醒，尽快度过。

设计就是根据教学的意图，合理组织教学内容，借助教学方法，实现教学目标的一系列计划、策略、方法的总称。一节课，教学的目标绝对不是“一生所需的语文”，而是“一点语文要素”。根据教学目标选择教学内容，确定教学方法，安排教学板块，这就是教学设计该做的事。该做的没做，教学就彻底崩溃了。

要点繁多为什么是“绝症”呢？因为这至少导致三个结果：**其一，课：碎了，散了**。一节课，这里讲，那里讲，不成系统，学生装不下这么多零敲碎打的知识点，讲了也白讲。**其二，人：忙了，乱了**。教师并非万能机器人，也有工作极限。这里讲，那里讲，每处都只能蜻蜓点水，讲不透，讲不明白，讲得自己手忙脚乱，讲到自己都累了，听的人自然也累。**其三，语文：虚了，空了**。教师看起来很负责，这里讲，那里讲，什么都讲，但学生什么都没学会，没搞懂。知识基础不牢，能力发展不系统，语文素养犹如沙丘上盖大厦，迟早要倒。每节课都那么用力，却原来是在掏空语文大厦的地基啊！想想吧，多可怕！

文章写到这里，可能会有老师问：光说问题有啥本事？该怎么改，你倒是给些干货啊！

每次被青年教师逼问要拿出干货，我也心虚。于是，我仔细思考，到底有没有一种套路、模板，能够应对以上三个问题，让着急想解决问题的老师心满意足？想了半天，我发现：这个，真没有。

解决的方案，无非就是入课快一点，推进有层次一点，要义精练一点。这不是废话吗？但我确实只能给出改进方向。不同的课型，不同的教学内容，需要采用不同的方法来设计。要是真用一个模板打天下，才是真正闹笑话。设计，如果是艺术，就应该随机应变。

鲜活的变化，可以有；干货，真没有。

聚焦问题，以“三个点”实现有效教学设计

我们先来看《爱丽丝漫游仙境》中的一段对话。7岁的爱丽丝漫游仙境，她想知道怎样才能回到家。爱丽丝遇到笑面猫，关于“去哪里”的话题，他们有这样一组问答。

爱丽丝:“请你告诉我吧，我应该走哪条路？”

笑面猫:“那在很大程度上取决于你想去哪里。”

爱丽丝:“我不太关心去哪里。”

笑面猫:“那么你走哪条路都无关紧要。”

爱丽丝:“只要我能到达‘某个地方’。”

笑面猫:“哦，你一定能到达，只要你走得够久。”

这组对话的最后，笑面猫给出的答案是“你一定能到达”，同时补充了条件“只要你走得够久”。这是对爱丽丝“不太关心去哪里”的一种嘲讽。在课堂教学设计与执行中，有多少课，教师和学生不太关心“去哪里”？或者说根本没有考虑要“去哪里”？在教学中，到底要走哪条路，变得无关紧要；到底要怎么走，也不重要；由于目标的缺乏，在行走过程中，师生能看到什么风景，能获得什么体验，并没有太多的关联。这导致课堂教学零散无序、拖沓无效。

常有教师说:“由于时间关系，我们先上到这里。”心中没有目标，时间也变得无足轻重，不会考虑时间用在哪里，更不会对“上不完”而感到惭愧，只会觉得要讲的太多，时间不够宽裕。所以，上不完课就可以“先上到这里”。其实，即便已经“上到这里”，所执教的内容

依然是无效的。也就是说，之前花的时间，不会产生效能。教师没有“达标”的意识，且认为“只要执教，皆为有效”。到下课时，看起来也能够“达标”——课文教完了，学生也似乎什么都知道了。教师并未对这样漫无目标的教学感到惊讶。

缺失目标的教学，对学生而言，损害是巨大的。其一，让学生对付出的学习行为、参与的学习活动变得麻木，缺乏应有的认识。其二，让学生对持续、深度学习缺乏动力与兴趣，对学习的意义也逐渐丧失理解。其三，教师在不了解执教意图的前提下，贸然且随意地带学生踏上学习之旅的时候，损耗了学生的时间，消磨了学习热情，逐渐让其偏离了学习提升的正轨。更让人担忧的是，教学中的“爱丽丝”相对常见。最为典型的表现为零散无度、随意拓展。面对一篇课文，什么都教，什么都问，什么都和学生讲。看起来课堂上信息量大，教学过程也足够活泼，但到底这些教学活动的实施将带给学生什么样的体验？要达到什么样的效果？关于目标的思考，教师是迷茫的，学生更是无知的。教学犹如漫无边际的无目的“瞎逛”，岂不可笑？

例如，一位青年教师执教《夜宿山寺》，完全没有目标意识，只顾拓展追问，“逮着什么就问什么”。如:“你觉得天上有哪些仙人呢？”这个问题迎合了学生的表达需要，产生了热闹的效果。课堂犹如打开一部《西游记》，各位仙人在眼前鱼贯而行。未承想，教师意犹未尽地追问:“仙人们都在做些什么呢？”又是一场“天宫聚会”画面展现——在学生的表述中，仙人们在唱歌、跳舞、喝酒、吃蟠桃……这一切的表达和本课目标是无关的，徒劳地消耗时间。执教《夜宿山寺》，目标是让学生体会诗歌中曼妙的想象，感受诗句中想象的表达之妙。教师带着学生偏离了原有的学习轨道，且毫无知觉。也正是这些浪费的时间导致了“由于时间关系”，最后该讲的没有讲，该学的没有学。

这首诗描述了诗仙李白深山夜行，在面对一座高楼时的浪漫想象。他先是用夸张的方式描述“危楼高百尺”。独自一人登楼时，有趣的灵魂一下子做出大胆的想象：我摘一颗星星吧！我就是仙人，我和各位仙人在一起了。夜深人静，不打扰大家了，大家各自享受自己的生活吧！诗句中，李白已然将自己当作仙人，自娱自乐地展开美妙的仙境体验。诗句中最可贵的是活跃的思想，是丰富的情感。然而教师没有把握这些，忽略了“体验想象之妙”的目标，反而带着学生进行搞笑式的追问。

在教学中缺乏对目标的理解与靶向，导致设计漫无章法，教学无序推进，问答肆意拓展，造成了整节课成为师生之间的“碎碎念”。这不正像上文故事中笑面猫对爱丽丝的嘲讽吗？到底该如何设计，才能实现有效教学，不至于带着学生“瞎逛”？

阅读《首要教学原理》，我发现当代著名教育学者戴维·梅里尔（David Merrill）在 2002 年就提出了“波纹环状教学设计模式”。[①] 这是对全球而言，都产生巨大影响的教学模式，也为我国教师带来让设计更有效的重要启发。这个模式中的设计，由“第一个鹅卵石”引起，之后产生拓展的涟漪，包括了一系列衍生环节（图 1–1）。

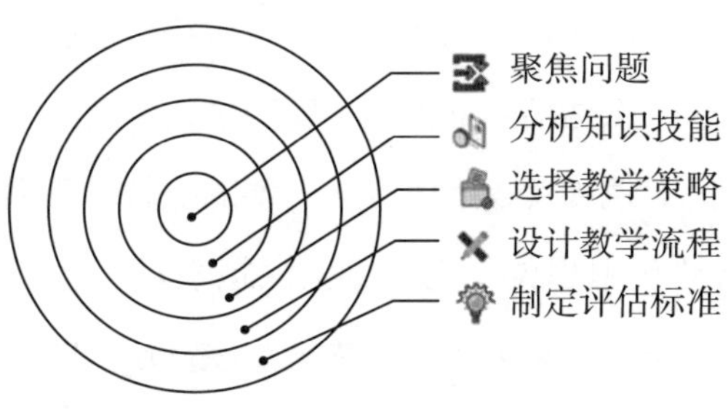

图 1–1 “波纹环状教学设计模式”示意图

① 戴维·梅里尔. 首要教学原理［M］. 盛群力，钟丽佳，等译. 福州：福建教育出版社，2016.

这一模式指明有效教学是由问题引发的。所谓问题，就是居于中心位置的学习目标，犹如激起水波的石块。教学应该是从投石开始，从聚焦目标介入，之后的行为都为了实现目标而展开。基于对目标的理解，教师应分析学生需要具备哪些知识，需要形成何种技能，才能抵达目标。学生需要什么，教师就教什么；也只有教这些，才能达标。这就完成了对教学内容的认定。明确目标与内容后，教师应选择合适的教学策略，设计恰当的教学流程，确保目标的达成。在付诸教学实践前，教师还应该制定评估标准，清晰知道“如何证明学生抵达了目标”“如何区分抵达目标的层级”。

有了聚焦问题、优先理解目标的意识，整个教学就犹如有了主心骨。将“波纹环状教学设计模式”落实到具体实践时，应注重设计“三个点”。

1. 明确教学点

应先明确这一次教学到底要教什么。认清本次的教学点，明确本次执教的目标，教学就有了方向，整个教学进展也就不盲目，不混乱。教师在设计教学时，明确什么是要教的，才能有所选择，也才能有所克制。

于学生而言，教学点不是一看就懂、一学就会的。教学点也可以看作是学生在这一次学习中的生长点。学生结合已有的经验，借助教学实现新的生长，抵达陌生的区域；解决学习中遇到的新问题，抵达设定的发展空间。例如《夜宿山寺》一课的执教，不需要停留在对二年级学生进行“大胆想象”的鼓励上，想象对于他们而言，近乎本能。教学应致力于了解诗人的想象内容，欣赏诗人的想象魅力，知晓诗人表达想象的思路，体会想象之奇妙。对于学生而言，这是新的学习层次，需要经教师组织，参与学习后方能抵达。

2. 明确支撑点

支撑点是针对学生而言的。为抵达新的学习层级，学生必定会遇到问题，会遭遇困难，需要付出努力。在解决问题的过程中，学生还需要获取知识，形成技能，以此来达成目标，实现升级。教师预估学生在解决问题中需要具备的知识、形成的能力，在教学中就要提供支持，帮助其解决问题，这就涉及了学习的支撑点。

例如在《夜宿山寺》的教学中，学生知道这首诗是诗人的想象。要欣赏这样的想象，还需要明确诗中描绘的场景是什么，即诗人想到了些什么；诗歌是如何把想象表达出来的，即诗人的写法有哪些。教学中，教师就不仅要带着学生朗读，还要去分享诗歌的高妙之处，例如：面对高楼，直接夸张地表达；对自己进行了浪漫行为的描述，说“手可摘星辰”，这样的描述，又验证了楼的高；“不敢高声语，恐惊天上人”，诗人在高楼之上，恍如在天上，楼有多高，不言而喻。教学中，教师要找准这些可以支撑目标达成的内容，引导学生更为充分地解读，而不是任由其胡思乱想。

3. 明确助力点

设计教学时，教师还应考虑以什么样的流程、环节，更有利于帮助学生突破难点，抵达目标。包括环节、流程、方法、策略、操作步骤等的设计，就是教学中的着力点。

继续以《夜宿山寺》为例。教学流程大致可以设计如下：朗读课文，初步感受想象；品析诗句，了解夸张手法产生的表达效果；知人论世，认识李白，欣赏诗句中的浪漫想象；对诗中的生字词进行缺学补教。程序的适当，确保学生思维的完整性，保障了学习的获得感以及学习应有的容量。该教的教透，不需要教的不碰。教学程序、板块设计得合理，更有助于学习抵达目标。

回看本文开篇的故事，各位“爱丽丝”要想回到家，就要知道家在哪里。学习聚焦了问题，注重思考并设计好了“三个点”，就能实现有效教学，就不至于空耗时间“瞎逛”。

布置长假作业，千万不能“想当然”

讨论长假要不要布置作业，其实没有意义，结果无非是一部分人说要，另一部分人说不要。不管主张哪一种，都是迎合了一部分人，而得罪了另外一部分人。简单的肯定与否定，并非解决之道。

因此，还是把力气花在讨论到底布置什么样的长假作业这个问题上更有意义。

圈定这个话题后，又一个争论焦点浮出水面：学科属性的作业到底要不要布置？例如，语文学科的复习、预习、练习作业，要不要布置？

可能很多人之前上学时，学科作业做得多了，于是否定长假中学科属性作业的意愿越来越强烈，呼声越来越高。取而代之的都是一些诸如怎么玩、怎么探索、怎么旅行、怎么绘画、怎么行走……我们称之为综合实践类作业。必须承认，此类作业真的很美，做这些作业是最理想的。

但是，“最理想的”并不是“最理性的”；至少，这样的理想状态在四个方面是欠考虑的。

第一，对父母的时间没有预估。都去综合实践，父母的时间跟不上。毕竟，长假不是父母的长假，要父母花时间全陪，有点天方夜谭。请不要以为学生能够自觉地去参与各种实践，更不要以为学生有能力自发组织去实践。没有教师的指导，特别是没有父母的监护和陪伴，很多时候这类综合实践作业都是走马观花迷了眼，竹篮打水空欢喜——期待中的各种美好结局是不会出现的。

第二，对长假的意义存有误解。长假，原本就不是和学习对立的。相反，长假就是在旧的学习结束之后、新的学习来临之前，进行一些调整，有点像作文中的“过渡段”，承上启下；前面承接着上学期，后面连接着下学期，可以看作是特殊的中间环节，自然不能纯玩，应该适当地学习。那些一开始就充满着对学习无限敌意的设想，真的是从认识上对长假存在着误解。长假不是和学习彻底决裂的，不能不管不顾。

第三，对生活的实情有所忽视。现实中，单方面解放学生，而没有调整环境，只是纸上谈兵。让学生整个长假不做学科类作业，最担忧的就是父母。假如一个学生在长假中每天看书，每天出去走走，每天都喊着去探秘，每天都去体验生活、去旅行……刚开始父母会觉得：哇，宝贝长大了。没几天，父母心就慌了，总是会问：难道老师真的没有布置什么作业吗？

说到这里，我要真心劝告那些喜欢公开宣布“我不布置任何长假作业，就是让学生好好玩”的一线教师，在迎合学生之前，在期待那一声震耳欲聋的欢呼降临之前，好好思考：教师是学生学习之路的向导，不是讨好他们、取悦他们的“谄友”。

第四，严重扭曲了学习的本体特质。关于长假作业的设计，很多人考虑的是学生会不会满意，很少有人会去想学习究竟怎样才能更好。请不要忘记，教育重要的存在意义在于引导，而不是迎合。至少，有三个要点决定了长假中必须布置和学科属性有关的作业。

要点1：有利于知识的重整，形成良好的学习效果。学生在长假期间适当地复习、预习，能够让上学期所学的知识得到巩固，有利于下学期新知识的学习，这是不言而喻的，更是极为有益的。结合《认知天性：让学习轻而易举的心理学规律》一书中陈述的认知心理学原理可知：良好的学习效果，来源于对知识的检索和重组，即将早期所学的内容进行反思、梳理，纳入自己的知识系统，才算是完成了认知升级。学习的进步是有规律可循的。也就是说，倘若长假中能够适当复习或者预习，对于学习而言，是一种必要的“加油站”；对于学习者而言，有助于新学期学得更加轻松。少量的时间投入换回的是更为高效的学习，节约了时间和精力成本。

要点 2：有利于检索的重启，形成良好的学习能力。哥伦比亚一所中学的校长曾经做过一系列长期的学习心理实验，一致的结果表明：练习检索，特别是长期保持检索的练习，对能力的提升是极有好处的。该校长的实验中还有一个特别的例子证明：在较长的休息期间，能自觉定期进行检索，效果会非常好。这里所谓的检索，可以看作对旧知识的回顾、检测、运用。从能力发展角度来说，在长假期间布置学科属性类作业，有助于能力发展形成良好的接力，防止正在形成的能力在发展的链条上断裂。

要点 3：有利于建立优质的心智模型，形成好的素养。心智模型的概念有点类似于我们现在的手机应用软件——由于涉及和掌握了生活中各方面知识，人会倾向于把做事的步骤整合在一起，形成一套解决各种问题的方法策略，这就是心智模型。它是我们应对事件、解决问题的“应用软件”。例如，一个警察在拦下车子检查的过程中，能够做出各种自然的条件反射，我们有时称之为“职业敏感性”。这有助于他在大量的检查中瞬间辨别出犯罪分子。心智模型越成熟，人的应对能力越强，素养发展得越好。而发展得好的心智模型，在不断的尝试中会更加趋于成熟、完善，形成优质的个人素养。心智模型的建立，仰仗日常的刻意练习、对优质样板的模仿、对未来世界的好奇与探索、对自我言行的不断反思……这一切，都有一个核心的关键词——持续。持续练习，就是心智模型建立的关键。因为模型的建立是不断建构的过程，是持续修复的过程。长假期间，完全脱离学科知识学习，对心智模型的建立而言是恶性的中断，是更大的耗损。新学期学生要接着学习时，认知负载非常大。

我的观点是，除了理想化的综合实践活动，也应适当布置学科属性的作业。千万不要以为综合实践活动不是负担，这有可能是更加甜蜜的负担。这个时代，我们一厢情愿地为学生安排了太多的活动，每项活动都要求展示，都要求汇报，都要有结果，无形中增加了工作量，也许你根本想象不到。

小学阶段的长假，不等于成年后的工作长假，不等于新婚蜜月假，更不等于退休后的完全放松。小学生的长假是身心调适，也是学习中的间隔。因此，对于长假作业布置，我有如下三条建议。

第一，先学。放假前的一个月左右，请学生向学长借阅下学期将使用的课本，以备先学使用。有了课本，学生既可以通读，也可以精读其中自己感兴趣的课文。

第二，练字。每日练字，不论多少，一律要求写好。很多父母希望孩子写一手好字，但仅空喊而无实际行动；如果能督促孩子抓住长假时间进行练习，那么大部分孩子都能有实质性进步。我爱书法，之前放假前总会提前亲自为学生写范字，选择上学期的旧字，或者下学期的生字，复印后发给学生，要求他们每天坚持临摹。这项练习我强调持之以恒，不要今天忙就少写，明天累就不写。只有天天练，才能真正达到练字的效果。

第三，养成。叶圣陶先生曾说，教育就是习惯的培养。长假正是养成习惯的时候，如每日阅读的习惯、每日写“百字作文”的习惯等。坚持每天读、每天写，不论读什么、写什么，习惯养成更重要！

当然，我说的也是一家之言，只是希望青年教师在做决定前三思而后行。长假要布置作业吗？千万不能“想当然”。不管怎么做，讨好学生的做法都不可取。否则，一旦陷入这样的格局，教育就会荡然无存。

老课文在不同版本教科书中的教学比对

2024年启用的新版统编教科书（以下简称新版），在原先版本（以下简称原版）的基础上做了调整。例如，有的课文是新入选的；部分课文重回教科书；部分课文发生了“位移”，被编入不同册的不同单元。

以《颐和园》为例，这是原人教版教科书中的经典老课文，在原版统编教科书中被编入四年级下册第五单元，作为习作例文；在新版教科书中则被编入四年级上册第六单元，成为单元次篇的精读课文。课文编纂的调整对于一线教师而言意义重大，直接影响其理解、使用教科书，在备课、设计、执教与日常研究中，都会带来效果的差异。老课文如何备课，怎么执教，在新版教科书落地执行的初期备受关注，引发一线教师热烈讨论。特别是被重新编入新版教科书中的老课文，由于教师对内容熟悉，在解读和执教时很容易“炒冷饭”——原先怎么教，现在就怎么教。本文提及的《颐和园》一课，两次被编入教科书，课文内容一致，教学是否也可以直接复制？原先的教案设计是否能够再次使用？这样的改编意义何在？仔细比对两个版本，我们可以发现以下几处差异，在教学中应有所关注和应对。

第一，教学属性发生改变。

王荣生教授在《语文科课程论基础》一书中，将作为教材的选文划分为“定篇”“例文”“样本”“用件”四种类型。这一划分对一线教师进行语文教学实践具有重要的指导意义。“定篇”就是公认的经典名篇。“例文”是知识的示范，提供语文学习所需要的听、说、读、写等方面知识的“共同法则”和“共通样式”。“样本”型选文主要解决的是“怎么用”，目的在于求“法”。“用件”型选文在意“用”，即学生需要借助文章，用好文章里的信息，开展语文学习活动。①

一篇课文可以进行选文类型的划分，也可以在教学中归属为不同的性质，表现出具有差异性的使用方法、教学策略等，这就是文章成为课文后所产生的教学属性。同一篇课文被编入不同单元，基于不同的学习目标，必定导致课文的教学属性发生改变。

原版教科书中，《颐和园》在习作单元，属性为辅助学生习作的例文。学习的目的是获得单元写作必备的知识，看到单元写作的典型示范。基于“为写而读”的教学属性，学生在学习时重在获得作者“按一定顺序写景物的方法”。显然，《颐和园》作为移步换景写法的典型案例，明确地在文中展示了作者的游览线索，在不同的景区明确、清晰地写出了景物的特征，成为最佳的习作例文。

新版教科书中的《颐和园》属于第六单元，是精读课文。本单元的学习目标为“借助关键语句，把握文章的主要内容”。《颐和园》一课的学习就从“为写而读”转为“经由学习，达成目标”的“为提升阅读素养而学”。在目标的指引下，学习的主体内容也更换为探索文中的关键语句是哪些，分析关键语句可以如何组合、加工、串联，怎样辅助把握文章的主要内容。学习目标不同，学习着力点自然不同。

教学属性的改变导致《颐和园》教学必须重新备课、设计、执教。

第二，学习方式发生改变。

原版教科书中的《颐和园》作为习作例文，在学习时注重信息的检索、提取、运用，学习时尤其要在意的是对现成的写作结果的知晓

① 王荣生. 语文科课程论基础［M］. 北京：教育科学出版社，2014.

和理解，所获得的更多是“知识的干货”。例如，学生可以快速浏览课文，批注出作者如何行走，怎样观察，游览的踪迹是什么，排列景物的顺序怎么样，各个景区都捕捉了哪些景点，各个景点的特色是什么。学习的结果可以汇集成信息表单，组合成一张文章结构图（图 1–2）。

题目	颐和园			
公园特点	美丽			
开头	北京的颐和园是个美丽的大公园			
脉络	顺序	地点	见闻	承接词
中间结构	1	长廊	柱子、栏杆、横槛上五彩的画、花木	进了、绕过、就来到
	2	万寿山脚下	佛香阁、排云殿	走完、就来到、抬头
	3	佛香阁	树丛、屋顶、宫墙、昆明湖、游船、画舫、城楼、白塔	登上、站在
	4	昆明湖	堤岸、杨柳、小岛、十七孔桥	从……下来
结尾	颐和园到处有美丽的景色，说也说不尽，希望你有机会去细细游赏			

图 1–2　习作例文《颐和园》的结构图

上图形成之时，就可以基本中止本案的学习，转为借助图表理解文章结构，把握大致的写作方法，运用在写作实践中。可以设想，有了文章结构图，学生能够将例文的结构转化为写作的模板，填充自己观察所得作为写作内容，完成本次练习，抵达本次核心目标“按一定顺序写景物”。

新版教科书中的《颐和园》是精读课文，对单元写作“中国的世界文化遗产”也会提供帮助，但主要是在内容上做出示范。课文《颐和园》在内容上与即将写的单元作文相契合，对写作的辅助作用是不容忽视的。更重要的是，精读《颐和园》应完成本单元的阅读学习目标，即“借助关键语句，把握文章的主要内容”。学习时，学生要充分进入文中，去理解什么是文章的关键语句，去寻找文章的关键语句究竟在哪里，去发现这些关键语句和各个段落、全文的关系究竟是什么，去实践关键语句如何组合、加工，帮助自己掌握课文的主要内容。可以说，这里的《颐和园》是一种输出式阅读。

美国学者斯蒂芬妮·哈维、安妮·古德维斯合著的《上好一堂阅读课》中，提及了“输出式阅读”这一概念。输出式阅读以阅读学习为目的。以这种方法阅读时，读者会从文本中提取事实信息，或整合信息并总结出中心思想，我们在阅读说明性文本时，往往就采用这种阅读方法。说明性文本一般信息量大，如果没有停顿或思考，读者很难消化和吸收所有的信息，这就像我们看到飓风在海洋上空盘旋时需要停在原地思考该如何反应一样。因此，在输出式阅读时，读者往往时断时续，就像在浏览幻灯片，每次只看一张图片，而且要笔不离手，在书上贴满记录各种信息的便利贴。① 基于输出式阅读，学习的意义在于学习者（学生）在阅读过程中不断融入。融入越多，个性化解读越多样，所得越丰富。可以说，学习者再造了文本，和文本一同处于活跃的发展变化中，学习实践更加积极。

第三，学习重心发生改变。

原版教科书中的《颐和园》作为习作例文，学习重心（落脚点）放置在单元写作上，教学时可以单独执教，也可以和第二篇习作例文《七月的天山》合为一个课时，让学生看到样例示范，即时参考，为写作提

① 斯蒂芬妮·哈维，安妮·古德维斯．上好一堂阅读课［M］．3版．刘成盼，译．北京：北京科学技术出版社，2021.

供服务，这是在一线实践中用得很多的教学策略。例如，让学生知道什么才是按照顺序写景，如何突出景物特点。也就是说，作为习作例文的学习，可以融合在习作过程中进行教学，因为学习的重心是写作。

新版教科书中的《颐和园》是精读课文，学习的课时必须得到保证。除了找寻关键语句，把握主要内容，文章中的语言文字品读、写作细节欣赏、写作手法运用等也需要学习。同时，作为单元中的精读篇目，《颐和园》与本单元的《长城》《秦兵马俑》等课文应相互关联、整合，系统地展开学习。单元中各个篇目的学习，应共同指向目标的抵达。抵达阅读学习目标，就是学习重心，是在教学设计中必须予以考虑的。所以，执教时教师须确保课文教学的精致性、细致性，使学生实实在在地掌握课文中的语文知识，提升语文学习技能。

可见，同一篇课文在新老两个版本的教科书中，由于教学属性的不同，会出现学习方式、学习重心的改变。特别是所处的单元不同，所服务的学习目标不同，教学的差别更大。针对本次教科书的改版，我想对一线教师提出建议：新课标时代的语文学习，不能拘泥于在文字表面意思上打转，不能沉迷于对文字信息的简单获取，不能停留于张嘴朗读、美美地读、读得通顺等基础目标，更不能满足于“生字都会写了”“课文能背诵了”的层面。新课标提出，语文学习要全面落实语文学科核心素养。素养的落实对于日常教学也提出全新要求，除了注重语言文字的积累，还要注重在语境中的运用，同时更要注重思维能力的提升。有思维作为支撑，学生才能够真正去理解文字中的文化意蕴，才能真正在审美鉴赏上向前、向深迈进，也才能够在自由创作时更灵动、更具创意。

对于老课文的新出现，一线教师在备课、设计、执教时，都要进行更多的思考、更多的比对。

设计中需要改良的三个常规活动

活动是“学习者学习和尝试运用语言理解与表达意义，发展多元思维，培养文化意识，形成学习能力的主要途径”。[①] 学习活动，即带有学习特质，有助于学习者水平提高、能力提升、素养发展的活动。学习活动可以看作“旨在完成特定学习目标而进行的师生操作的总和”[②]，是一个完整而可调控的系统。在观课评课过程中，我发现执教者大多能意识到要通过积极组织学生参与学习活动以达到目标。其中，有三个时常出现的课堂学习活动，几乎被视为“规定动作”：第一个是“圈画词语，并说出理由”，第二个是“模仿某类句式，进行表达”，第三个是“填写学习单”。这三个即兴开展的学习活动起到了活跃课堂学习氛围、丰富课堂学习式样、调动学生学习积极性的作用。

本文以这三个常规的学习活动为例，分析其存在的问题，提出改良的方案。

常规活动 1：圈画词语，并说出理由。

课堂教学中，教师时常让学生按照提出的要求，圈画、批注某些词语，并随之表达圈画的理由。最常见的如圈画文中动词，找到文中表示心理活动的词语。之后，教师会要求学生表述使用这些词语的好

---

① 中华人民共和国教育部．普通高中英语课程标准：2017 年版［S］．北京：人民教育出版社，2017.

② 李红美，许玮，张剑平．虚实融合环境下的学习活动及其设计［J］．中国电化教育，2013（1）：23-29.

处在哪里，带给自己什么感受，作者为什么会用这些词语，等等。

例如，执教统编教科书六年级下册《匆匆》一课，教师让学生圈画出文中体现时间过得飞快的词语，并说出这些词语如何体现时间飞逝。学生经过圈画后，能说出自己圈画的词语有哪些，也能同步说出理由。但理由基本上是对词语进行字面意思的解释。例如："使用'飞去'这个词，能体现时间快。""用上'飞去'，让人感觉坐上时间列车，时间过得快。"这些表达看起来说出了理由，实际上并没有给出真正的思辨结果。这样的教学环节由多人参与，不同学生圈画的词语虽然不同，理由却大同小异。

观察课堂执行情况可知，此环节推进相对流畅，现场热闹有余，学习的意味却不浓。

解决方案："缓"字诀。

为这一常规活动开出的改良药方，就是一个"缓"字诀。圈画并说理由，并非如想象中简单易行。其至少需要经历以下学习过程：对全文的阅读；界定词语位置；关联上下文阅读思考；对在具体语言环境中的语义进行判断；精准执行圈画行为；回到原文语言环境中进行验证，判断圈画的结果是否妥当。经历这样的学习流程，学生是需要时间的。因此，让学生站起来就说，快速反应所带来的负面效果是回答时的草率与表面化。特别是在说理由环节，容易出现"理由空泛"的问题。"缓"字诀携带了如下解决方案：其一，建立"缓冲"机制，预留完整且充分的学习时间，让学生完成连续的学习动作。其二，建立"蜂鸣"机制，鼓励讨论时自由发言，犹如蜂鸣般畅快表达，参与辩驳；增加同伴互助，借助并分享团队思考的结果。其三，建立"试练"机制，允许学生在正式表达前深入思考，同桌互相指正或个体独立尝试，之后再公开交流。

“缓”字诀意在提醒教师：不要片面追求短促、热闹的表面效果，力求促进学生深度、充分思考的发生。

常规活动 2：模仿某类句式，进行表达。

从阅读与写作联动的教学意图出发，这是当下阅读课堂教学中流行的练习方式。操作流程为在学生学习部分课文或者是某个经典片段后，教师向学生提问：“假如是你，想怎么表达？”“此时此刻，你有什么话要说？”之后，教师组织学生进行短文写作。借此活动，阅读课期待实现读写结合、协同发展。

例如执教统编教科书五年级下册《杨氏之子》一课，几乎每位教师都像约好了一样，让学生模仿文中“未闻孔雀是夫子家禽”这一句，说说“未闻某物是某家之物”。这一类的模仿，准确说是生硬“学舌”。课堂上学生能不假思索地以同学的姓氏为题，进行随机练习，出现大量同质化的蹩脚之作。如：未闻柳树是柳家之树；未闻杨桃是杨家之桃；未闻李子是李家之果……这些张口就来、随意而为的模仿表达，看似是一种即兴的表达练习，实际上因为缺乏认知提升的意味，丧失了学习的价值。学生无须思考，随性表达，还以同伴姓氏取乐，并能得到教师表扬，这是必须警惕的。这样学习产出的成果与本次学习目标“感受课文风趣的语言”并无关联。

解决方案：“研”字诀。

生硬地进行从“读”到“写”的模仿，至少有三个弊端。针对这些弊端，可以借助“研”字诀予以解决。

其一，针对教学目标与学习活动无法匹配的问题，和学生共同明确目标，研制目标解决的基本路径。例如上文《杨氏之子》一文的学习目标为“感受课文风趣的语言”。在课堂开始阶段，教师和学生应共同针对目标，先明确目标中涵盖的学习要素，即什么是真正的风趣幽默，魏晋名士崇尚何种风趣幽默，如何感受风趣幽默。之后，研制本次学习的感受路径：第一步，初读，产生第一时间的感受；第二步，结合注释，从故事情节中感受；第三步，查阅资料，知晓《世说新语》的创作背景，从魏晋名士的言谈风格中深入感受。

目标和学习路径应该是匹配的。例如，阅读课要理解到什么层次，要拓展到何种尺度，要进行表达练习的意义是什么，要表达到什么程度……这些思考和设计不仅是为了活跃课堂氛围，更重要的意义在于活跃学生思维。因此，之前那些草率、即兴的模仿，思维含量极低，也就可以摒弃了。

其二，针对思维提升与表达活动主次不分的问题，让学生研究核心问题，不断推动学习迈向深入。部分教师很热衷于形式化的模仿表达，动辄就让学生提起笔写一段："此时此刻，你一定有话想说，那就写下来吧。"而照葫芦画瓢的生搬硬套，让原本应进行的阅读学习遭到消损。表达活动的设计，不能流于形式层面，而不触及真正的思考，占据了宝贵的学习时间。

教学设计时，教师应让学生明确本次学习的问题在哪里，学习中的困难是什么，学习的核心问题是什么。学生确定了支持自己抵达目标的核心学习任务后，应由教师设计多样的学习活动，借助思维的支撑，辅助学生解决学习进阶过程中的诸多困难，实现目标。以《杨氏之子》为例，学生应经过思考，分析孔君平的言说中的逻辑漏洞是什么。教师可以引导学生乘势做好假设，即"假如孔君平说的是对的"，之后进一步推导，得出"孔雀就是孔家的禽鸟"的结论；之后再对照现实——"孔雀是大自然的"，以矛盾反思孔君平言说中的谬误。思维推演的过程是精彩的，远胜于鹦鹉学舌式的简单模仿。

其三，针对阅读和写作系统分离的问题，和学生一起还原写作过程，打磨表达结果，打造提升的路径。教师误以为让学生模仿原文，简单写就一些内容，就是在阅读课堂上培养学生的写作能力，就是“读写结合”的应然教学方向。实际上，这些未经思考的写作结果，只是对原文进行了低通路迁移，予以文字形式层面的复制。在支持这一类迁移时，学生动用旧知识、借助已经具备的能力的程度是低的，学习价值缺乏。也就是说，在阅读课上练习写作，必须认识到写作的价值，知道“写作能力的提高就要靠提供大量在课内所学的写作知识的训练题目让学生训练，才能促进写作知识向技能的转化”。[①] 因此，学习写的过程要充分展开，写的结果也要反复打磨、检查、纠正。

教学这一类的学习活动，不能简单布置写作任务，而要谨慎选择、精心设计。设计时，要重视研发写作的过程，不要追求一步到位的写作结果。结果出来后，还需要进行多次打磨、反复推敲，让结果对学习的佐证功能得以发挥。如在读写结合的仿写设计中，教师可以按如下步骤展开教学：其一，出示样本段落，让学生清点句子数量；其二，关注样本段落中特殊词语的使用情况，如动词用在什么位置，出现了几次；其三，发现样本的表达结构，如句子是如何连接的，句子之间的逻辑关系如何；其四，根据对句子的分析结果进行精准模仿。只有对样本段落有足够的研究后，模仿才能产生作用。有过程指导的模仿，才能真正促进学习发生。

常规活动 3：填写学习单。

这可以说是当下最流行的设计模式。具体表现为在教学推进中，教师暂停讲授，隆重出示学习单，提出要求让学生立刻填写。

---

① 张心科.阅读与写作教学中读与写的异同：重新审视“读写结合”［J］.语文建设，2021（15）：18-23.

其实，教师喜欢设计这样的“即兴学习”，更多是受到评价体系的指引。评价者常批判教师“讲得过多，牵得过紧”，导致教师不知道要讲什么、要讲多少。此时切换为填单，正好对应了这样一类差评。因为没有评价者会指责填写学习单的活动设计是“牵引”，更没有人指责学生填单时老师“讲得过多”。形式上，学习单的填写解决了困扰教师的难题。

此刻，教室里静悄悄的……学习似乎开始了，每个学生都在填写，填写之后还能及时汇报。但只需关注即可发现，学生填写后的结果大同小异，所填写的不外乎简单摘录课文内容，提取部分词语并重新安放在表格中。这一设计形式化的趋势亟待教师看到，它反映的是教学设计中以形式取代实质的弊端。

解决方案:“换”字诀。

教学设计从来不排斥有意义的学习单，更欢迎生动活泼的学习单。优质的学习单是能促进学习的，也是教师设计时必须要有的。

以设计统编教科书三年级上册《搭船的鸟》的学习单为例。学习单的阅读和填写，就是学习的过程。这一过程涉及对文中关键信息的梳理、比对，聚焦核心环节。这样的填写至少涵盖如下内容：对文本的仔细阅读；从阅读中提取关键信息；针对信息进行分析，转译成精简的语言；填写之后，统筹回看，让学习单本身成为一个自洽的系统，成为继续学习的凭据。这样的过程让学习单中呈现的学习结果具备一定价值。而即兴填写学习单的设计，教师急于组织学生在短时间内完成“出示学习单—填写学习单—汇报填写成果”这一连串操作，跳过了深度学习的发生过程。

为即兴填写活动开出的改良药方，就是一个“换”字诀。给学生足够的时间，将学习单的填写设置成课前的预习作业，在课上进行的是针对学习单中的学习成果进行交流汇报。需要当堂填写的学习单，可以设计为“互动式”，即教师设计中就完成一部分，学生填写时再完成剩余部分，不过度消耗时间，更好地让学习单提供简约、精练的学习成果。假如待填的学习单完全空白（图 1–3），教师只完成框架设计，让学生完成填写，结果可想而知：填写之后，课堂还能剩下多少时间？这样“静悄悄”的填写过程，自然不是课堂学习所需要的。因此，要“换”的不仅是时间安排，更涉及教师对学习的认识——不是动笔就代表学习。学习单的设计考验的是教师的设计能力——不是有表单就是好设计；评价的是教师的执教理念——真正的学习是要有认知生长的，而不是重复性、搬迁性的辛苦劳作。未经设计而贸然开展的学习活动，容易导致课堂学习的碎片化，让课堂呈现为知识点教得过多，活动设计得零散，思维含量减损。

<table>
<tr><th colspan="3">我的观察档案</th></tr>
<tr><td>名称</td><td></td><td rowspan="5">贴照片</td></tr>
<tr><td colspan="2">特点</td></tr>
<tr><td>外形</td><td></td></tr>
<tr><td>颜色</td><td></td></tr>
<tr><td>味道</td><td></td></tr>
</table>

图 1–3　一张空白学习单

本文针对课堂教学中三类常规学习活动提出了改良方案。统筹考量可知，这三类活动最根本的问题是造成课堂学习碎片化。因此，更为治本的方案是指向课堂学习的碎片化问题，在每节课的教学中，设计好核心的、能牵动全文的“牛鼻子”问题。例如统编教科书五年级下册的《梅花魂》一课，学习目标为“体会课文表达的思想感情”。

体会的内容是课文，体会的方向是思想感情，体会的结果是获取方法。因此，“牛鼻子”问题应该问在方法层面，可以提出问题：课文表达思想感情的方法究竟是什么？如此一来，学生须经历对课文这一样本的深度阅读、理解、分析、比较等，才能完成方法的提取。研究核心问题的过程，涉及对课文中字词句段的意思理解、写作效果的鉴赏、方法的比对与提炼等，让所有的学习活动都聚焦在问题的探索中。这个过程中，与核心问题有关的，进行整合、互动，相互支撑；与核心问题无关的，暂缓或者由学生自由理解。核心问题的引领，让课堂学习更紧凑，有结构化，更适于目标达成。

综合关注课堂中的学习活动可知，优秀的活动设计须具备三个特质：其一，要围绕设定的学习目标展开；其二，要在语文课堂学习环境中发生，学习者要与教师、学具、学习过程等要素发生相互作用；其三，学习活动要能改变学习者原有的认知水平。可见，语文课堂中的学习活动，是学习者间接知识与心理活动之间的一座桥梁，是个体心理与认知发展的建构过程。在这个过程中产生的学习结果，是学习活动所预期的，也为学习本身提供反馈信息，促进学习活动自身的完善与发展。教师期待设计出一堂好课，就要明确设计的意图和功能。好课，不是表面好看，更不能流于形式。一切表象的背后，应是对原理的探索、对规律的把握。

鼓励学生大胆想象，有用吗

我在设计与执教统编语文教科书三年级下册第五单元习作“奇妙的想象”时，发现了想象作文教学指导中，教师的“无为”与“可为”应有的边界。

其实，这一问题的发现，基于多次听课与思考。我曾经听过很多青年教师上想象作文指导课，发现大家都搞不清在此类课堂上，到底哪些地方是“可教”“该教”的，哪些地方是“不可教”“教不了”的。几乎在每一节想象作文指导课上，教师都总是鼓励学生大胆想象。这种鼓励激情有余，理性不足，几乎产生不了促进写作的动力，产生不出教师期待的教学效果。原因如下。

其一，想象，原本就借助胆量。想象是对现实的改造。现实是这样苍白和让人无奈，想象让它变得丰满和如意。想象本身，就充满着过人的勇气与超前的见识。想象原本就有改天换地、改造现实的胆量。既然已经怀揣着胆量上路了，让其再“大胆”一点，就等于在燃烧的火堆里投入一根火柴。

其二，想象，可以并不需要胆量。这有点自我颠覆的味道，但这就是想象被我们真正理解时的趣味。真的是胆量促成想象了吗？仔细想想，未必如此。很多时候，想象是“说来就来，说走就走”的。想象从来不等你的召唤，不容许你做好准备。灵感来袭的时候，几乎没有预告，你就在诧异中获得惊喜。想象，就是我们臆想之中希望看到的“象”，也许这希望一直埋藏在你的心里，只是等待一个值得浮现出来的时机而已。所以，想象很多时候是自然而然地生发，和胆量无关。

其三，想象，有时候太大胆了，你反而受不了。真的，学生的想象真的足够大胆时，接受不了的反而是教师。学生作文中有些想象无比大胆，相当离谱，也让人觉得不合理。有的时候，我们看到的想象甚至违反伦理、道德、规范。怎么样？这种大胆的想象，你能接受得了吗？还有一种想象，无比奇妙，充满了童趣，成年人又少了一份辨识力，无法感受这份来自儿童世界的天真。例如，你能欣赏下面这句话吗？

昨天，爸爸买回两条鱼。今天早上起来，我发现一条鱼在鱼缸里被淹死了。

我们总觉得不合逻辑，可是，就在这句话的背后，藏着一条鱼在鱼缸里被淹死的全部想象。一个绮丽的故事就藏在不合逻辑的语言背后。更何况，哪有想象是合乎常理的呢？关键看你有没有对妙趣的鉴赏力。

其四，想象，谨慎一点，也许会更好。特别是对于儿童写作而言，既要大胆想象，又要合理表达，这主要通过有逻辑地抒发、有序地组织语言来实现。谨慎地做到这些，才能让人接受并理解你的想象。此处所说的谨慎，就是指在用文字表达想象时，要注重逻辑，要符合言语呈现时的基本规范。在表达想象时，少一分大胆，多一分谨慎，是不是更合适？

如此说来，上想象作文指导课时，不要鼓励“大胆想象”，那么我们还能做些什么呢？结合“奇妙的想象”这一习作的教学设计，我给大家提三个建议。

一、给一个样本，让学生看到优质的想象

我在执教时给出的样本有两个，一是课文《小真的长头发》[①] 片段，即小真如何用想象让头发变长；二是同伴作文，也就是我的一篇“下水文”——《一本有魔法的书》。学生在例文样本中可以感受优质的想象，留下总体印象。借助旁批的形式，可以让想象的表现过程清晰可见，让想象的表达结果被学生认可，使他们感受到清晰表述想象后被读者接受时产生的魅力。

样本，激活了想象。

二、给一个模板，让学生的想象可以输出

给学生样本，更多的是让其知道别人写得很棒。这并非唯一的选择，因为这可能导致望尘莫及、望而却步的负面效果。接下来，还要给学生一个写作的模板。也就是说，要对样本进行解读、分析，“拆卸”之后让学生自由“组装”。

还以《小真的长头发》为例，我给出的片段如下：“要是从桥上把辫子垂下去，就能钓到鱼呢。挂上一点儿鱼饵，河里的鱼，不管什么样的，都能钓上来。”

如此简简单单的一段想象，它的模板很清晰，也很好套用。我们可以告诉学生，表达出自己的想象就三步：第一步，写出要用头发做什么，即“做什么”；第二步，写出要用头发怎么做，即“怎么做”；第三步，写出做的神奇效果，即“做得如何”。三步模板让学生知道如何写出自己的想象，结合自己选择的想象命题，首先“亮出想象”，写好“做什么”；其次，解决实际中“困扰自己的问题”，写好“怎

① 该课文出自原统编教科书三年级下册，现已删除。

么做”；最后，告诉大家“问题解决的效果”，写好“做得如何”。这三步就是写出想象的基础模板。学生获得模板后，就能在模板的辅助下，顺利地表达出自己心中原本混沌的想象世界。

三、给一个机会，组织学生进行“想象与想象的交换”

一个人想，不如大家一起想。大家想之前，自己可以先想。于是，在学生写完想象故事之后，教师可以组织一次小组互动，大家相互讨论，共同欣赏想象故事，分享创意。

交换的形式可以多样，可以是同题进行互换，之后相互增补，吸收对方的优点，让自己的想象更加完美；可以是不同题目的作文进行互换，相互欣赏，感受不同内容的想象空间——本次教材习作提供了不同的题目作为选项，让这样的交换成为可能；还可以是同一个创意点，进行想象的共享，由教师或者同学提供一个想象的话题，同伴围绕话题，集中提供不同的想象内容，进行“头脑风暴”，共享想象的成果。

针对想象作文的写作指导，“无为”与“可为”的边界这样简单界定：第一，想什么，怎么想的，属于学生个体决定，无为，不能教。第二，怎么把想象表达出来，如何写，属于写作教学内容，可为，必须教，还要教得实实在在、清清楚楚。

教师就做好教师该做的事——指导学生写作。从这个角度再看，鼓励学生大胆想象，真的没用。关键在于告诉他们如何把想象表达出来。

如何设计出新颖的教学活动

很多青年教师为了设计出新颖的教学活动非常努力，但也发现很难找到突破口。所以，大家最常采取的做法是这里抄抄，那里学学，最后照猫画虎，依葫芦画瓢，总是学不像，总感觉学不会。整个学习的过程，让自己的设计体验感流失殆尽，也渐渐失去了继续研究的信心。

实际上，你完全可以不要照搬他人的设计，可以试着自己来，直至掌握方法。多次尝试后，你可以做到不看或者少看教参，不学或者少学名师，不用或者只用经典的局部设计。

要拥有一个与众不同的设计，需要三步。

第一步，指向认知势能，这是设计前应有的总体思路。

潘庆玉教授在《激发教学想象力：语文教学设计的创新策略》中，为我们阐述了认知势能的概念。“所谓认知势能，就是指按照问题的包容性、层级性、顺势性进行教学设计，引发学生思维的连锁反应和递进效应，以提高学习的效率、强度和关联性。”潘教授强调：“语文课要想引人入胜，使学生欲罢不能，就一定要在教学内容的设计上灌注积蓄认知势能的意识，着眼于对学生思维过程的顺势引导和逆向激发，使教学过程自然圆融，水到渠成。”[①]

简单来说，就是要“深挖洞，钻井取水”。其一，设计上要有一个明晰的主题，主题具有包容性，就是要深挖的“洞”。主题在整个

① 潘庆玉.激发教学想象力：语文教学设计的创新策略［J］.语文教学通讯：小学，2019（4）：14-18.

设计中起到统领全局、辐射各部、牵连细节的作用。其二，设计上要有一条主线，主线就是钻探的路。主线体现顺势性，让教学按线索一环扣一环，各自关联，不要零散拼凑。其三，各个环节之间由浅入深，逐级递进，体现层级性，最后要取出“水”来。上一级和下一级之间有联系，但更注重有递进，有增量。注重了“主题”“主线”“环节”，课文就成了“为学生学习语文而生的学材”。

例如，设计统编语文教科书四年级上册《夜间飞行的秘密》一课，教学的主题就是“探索提问的角度”。根据主题，设计的主线分为五步：认识批注中的问题—学习批注中问题的提问角度—切换各种角度不断追问—总结归纳提问的角度—运用不同的角度尝试提问。五个教学环节中，最简单的是第一个环节；之后，紧扣“角度”，层层深入，直至归纳、总结出“提问的角度”；最后持有方法，进入实践状态，尝试面对全新的文字，提出个性化的新问题。

指向认知势能的总思路，能避免设计时“从头教到尾”的烦琐、“见到什么教什么”的散乱、“总停留在解释字词、有感情地朗读”的浅显，借助设计让学习聚焦思维，迈向深入。

第二步，设定清晰的学习项目，这是设计方式的重大改变。

我们学数学时会发现，数学课很有“使命感”：一道又一道题，一个又一个关口，好像玩游戏通关一样，玩着玩着就学会了。整个过程还充满挑战性和游戏感。我们学语文，总感觉“糊在一起”，说也说不清楚。最后学生到底学会没有也并不清楚，迷迷糊糊，似懂非懂。学习项目的缺失，就是设计上的硬伤。我们习惯打“游击战”，习惯按部就班地线性推演，但不习惯设计一个学习项目，让学生以此为核心，接受任务，使命必达。

在整个教学设计中，设定清晰而明确的学习项目，让项目成为整节课设计的“牛鼻子”，这是理念上的重大改变，也必将带来课堂结构上的重大优化。这里的“项目”，可以理解为“认知势能”部分提到的“主题”，而之所以单列一条来说，是因为它具有必须要说明的特殊性。

例如，执教《草船借箭》一课，可以给出一个学习项目——评述诸葛亮其人。发现了吗？项目具有天然的“动感”，是学习中的行动指南。这一学习项目，需要学生能联系课文内容，结合阅读积累，借助思辨精神，大胆给诸葛亮在整个事件中的表现打分，呈现一份“成绩单”。由此项目“牵引”，学生要完成课文内容的阅读、理解；要关联文中各个事件，统筹思考；要联系《三国演义》《三国志》的阅读经验，综合考量；要倾听同伴发言，协作、辨析。可见，完成学习项目并不简单，涉及学生认知储备的诸多方面，还涉及团队合作：首先，考验学生对语言文字的理解力，是否存在太多理解障碍；其次，考验语言的积累与运用，除了生活经验、知识储备，还仰仗阅读经历，这些都会在判断、表述、评论过程中构成影响；最后，语文学科素养的整体水平也成为重要的影响因素。学生有没有语言学常识，有没有文学鉴赏能力，有没有“三国”的专项文化素养，等等，这些都会影响项目的完成。有困难，有障碍，才有挑战性，才具备学习的乐趣。

有设计的教学活动，就能营造学习的趣味体验。在这样的项目式学习中，教学过程中自然就有三类知识交替出现、协同作用。第一类，陈述性、概念化知识的补充。教师适当讲授，学生快速补充，为涉入“思维深水区”做好准备，不让所有的学习活动都停留在“就事论事”的经验层面。例如，“什么是人物评述”“优质评述应具备的特征”等，都可以讲，让学生知道“我要做什么”。第二类，程序性知识的运用。告诉学生“我该怎么做”，通过具体的操作，让学生在学习中接近真相，参与各种语文实践活动，不断获得进展；在清晰的工作模式和思维图式中，拓展学习空间，突破个人的狭隘经验局限，渐入佳境。第三类，策略性知识的形成。在充分的语文实践活动中，学生灵活运用各种知识，不断检验、提升运用水平；应对复杂多变的语用情境，能采取适当的决策并指挥自己的学习行为；课后还能形成应对此类任务的规律性、综合性的知识，形成自己的策略系统。

第三步，形成教学的关联之链，这是设计理念的硬核。

具备以上两条之后，就要注重“打磨”细节，让各个环节前后连贯、相互承接，让整个设计浑然一体。就像组装一个模型，大的部件已经成形，接下来要考虑的就是如何连接、怎样组合。很明显，建构主义理念在此刻成为支撑，使整个教学设计拼成完整的系统。

有的教师特别注重某个局部的设计，认为“一白遮百丑”。例如，在某句话的朗读上反复训练，追求极致；在某句话的欣赏上反复提炼，力求尽善尽美。局部的完美、孤立的设计，确实可以构成风景，但如果不能和其他系统连接，那就成为沙洲中的“电线杆”——雄立四野之时，就是寂寞无援之境，产生的学习价值也相对低廉。

注重各个层级间的粘连，着眼于引发各个学习板块之间的连锁反应，增强学习内容的逻辑关联，带动情感体验的联动效应，从系统化的角度对各个教学板块进行进阶式、立体化、交互性设计，就会更有效地促进学习目标达成。这一理念，应当成为坚定不移的“硬核”。长期坚持这样系统化、关联性的设计思路，会形成一种学习图式。即便是这一课学完了，学习目标达成了，图式也不会消失。反过来，每一次学习活动又都是对图式的强化，都会促使图式不断转化为具体可操作的方法，方法再不断上位形成应对同一类问题的策略，策略不断升级为更高层次的思维水准，形成“越学越聪明”的美满状态。

做一份属于自己的教学计划

每个学期初，大家都要交出一份教学计划。但我发现，大多数青年教师的教学计划都是“拷贝”的。

这看起来是“大势所趋”。其一，大家都在抄，教研组长、备课组长是“首创”，其实有时也是从之前的教学计划改编过来的；其二，每次都抄，看起来也没有任何不妥；其三，真要自己做了计划，还有可能不符合学校统一安排，与进度不符合。所以，久而久之，抄成了最为稳妥的计划撰写方法，一步到位。

再看抄来的计划，基本上是简单罗列课时，从“新建”一个空白文档到“保存”完成，一份计划出炉的时间大概只有十几分钟，甚至更短。年复一年，做计划沦为“剪切＋粘贴”的过程。即便是更换了教材之后，课题有所变动，也丝毫不会影响计划的抄写，因为列出一份作为“材料”的计划，就是一种按部就班的机械运动，伤不了神。

那么，请思考一个问题：做计划到底有没有用？其实，早就有人对此做了研究——

理查德·I. 阿兰兹的《学会教学》（第六版）中，记录了美国学者杜查斯特奥和布朗有关做计划的实验。两位学者曾高度关注过做计划对学习效果的影响，经过实验比对得出结论：有明确的学习目标会对学生的学习产生聚焦效应。他们建议教师，要让学生知晓所学课程的目标。这一目标达成的前提是，教师要列好计划。

约翰·扎豪瑞克的研究几乎与杜查斯特奥和布朗在同一时期里进行，他关注的是计划对教师行为的影响。特别是对确定目标、诊断学生学习、选择教学策略等相关行为的影响。他试图研究，做计划的教师是否不如不做计划的教师对学生敏感。扎豪瑞克在威斯康星州密尔沃基附近的4所郊区学校对12位四年级教师进行了实验。他把12位教师随机分为两组，分别命名为“做计划的教师”和“不做计划的教师”。他给做计划的小组一个附有目标的课程计划和一份关于学分卡的详细说明，并要求他们在课堂上使用；对于另一组，仅要求他们利用一个小时的课堂教学时间去完成一些未知的任务。扎豪瑞克发现：两组教师有重大差别。前一组追求自己的目标，但对学生的思考不敏感，忽视学生的想法和见解；相反，后一组更多地鼓励和激发学生思考。扎豪瑞克据此得出结论：做计划可能会限制教师对学生学习的敏感程度。

很奇怪，同一项目实验，居然有两种截然相反的结果。那么，教师应该取消计划吗？扎豪瑞克认为：答案显然是否定的，取消计划可能“会使课堂过于随意，效率低下。为了使课程有效，不管以目标和流程形式做出的教学计划有多么模糊、笼统，那也是必需的”。

再看第三组实验。浩斯纳和格里菲专门针对新教师在制订计划方面做了实验。他们观察了16名体育教师，其中8人有五年以上的教学经验，另外8人是实习教师。研究者给教师一小时时间设计一节课，内容是如何教八岁孩子足球和篮球的运球前进；然后由教师上课，并录像；接下来，教师回顾他们的课程，并告诉研究者在教学过程中的感受，后来发现，有计划的教学更有效果。①

综合三个实验，我们越来越清楚地发现：要不要做计划不是讨论

① 理查德·I.阿兰兹.学会教学［M］.6版.丛立新，等译.上海：华东师范大学出版社，2007.

的关键。关键是看谁需要做计划，做什么计划。特别是青年教师，列出计划后执教，对自己的教学特别有帮助。既然如此，如何列出一份有利于自己的教学计划，并且按照计划执行，提升执教效果？我给出如下建议。

一、列计划前需要通读教科书，知道“有什么”“有多少”

这应该说是青年教师的教学“规定动作”——拿到一套教科书，独自好好看。“好好看”最基本的就是做到“不要只看第一课”，应该从头看到尾，这大概只需要一小时，但这一小时的收获却让你意外。整本教科书阅读，至少能让你知道这个学期共有几个单元、几节课、几类课型，每个单元里都有些什么内容，教学的要素是什么，等等。整本书阅读，你会对教学内容与教学容量有大致的了解，心中有数。很显然，这是列出计划的基本保障。

二、列计划时要瞄准关键节点，知道“要什么”“做什么”

每个学期列出教学计划时，应特别注意三个节点：第一个节点为教学的起始，第二个节点为教学的收尾，第三个节点是本学期的重点内容的教学。

抓住三个节点，我们就能在一个学期的教学计划中做到有所侧重、有的放矢，让自己在整个学期忙碌的教学中做到集中力量做“重要且关键”的事。没有计划，平均用力，“见一课教一课，教一课算一课”，既是青年教师在实际教学中最大的问题，也是欠缺计划带来的后遗症。

列好计划，在关键节点时知道通过教学“要什么”，目的很明确；借助教学该“做什么”，过程很清晰，就能在自己能力范围内提升教学的有效性。例如，教学的起始环节特别注重激趣，让学生经过漫漫长假后回到课堂，能一下子引发对学习的关注，积极主动参与；结尾注重汇总、提升，让学生在期末时做好总结与梳理，让学习更有系统，收效更好。统编语文教科书每册的策略单元、习作单元都是特殊单元，值得列为重点；单元中的“单元导读”“交流平台”等，都要特别关注，这是教科书中能力提升、技法训练、认知拓展的关键所在，要在计划中标注，之后在教学中体现。

列出计划时，多关注节点，教学时才能留够时间，采用多种方法，或者反复地瞄准节点进行教学，达到更为优质的教学效果。同时，节点的教学时间要有所保障，因此列好计划就有助于教师调整教学的节奏，认清轻、重、缓、急，不至于手忙脚乱，从头忙到尾还教不清楚。

三、列计划时要标注好亮点，知道“还可以怎么做”“还能做得更好”

提升教学的层次，实现个性化教学，计划起到很大的作用。

很多教师喜欢拥有自己的教学理想，上出“有个性”的课。这些设想是可以借助列好计划来实现的。和他人的计划不同，让自己的计划更有个性，这不就是列计划本身的意义吗？具体来说，青年教师可以在三个方面下功夫。

1. 在适当的时候融入自己的标志

标志，就是你与他人的区别，就是青年教师的重要教学特征。通过计划，可以融入标志，让教学更具个性。例如，有的教师喜欢绘本，当通读教科书时，发现有的课文改编自绘本，即可在适当时融入，让教学具备自己的个性化标志。

2. 在适当的时候尝试自己的设想

不少青年教师对教学有兴趣，经过学习产生的一些很特别的设想，就可以通过计划来帮助实现。设想中带着自己的思考，拥有自己的教学个性，自然形成自己的教学亮点。比如，有的教师希望尝试进行全单元统整式教学，就可以在通读教材时选定一两个单元，在计划中列出要进行的统整式教学。具体执行时，在临近这个单元前后，做好调整与预留，给自己一次尝试的机会，让自己的教学更有特色。

3. 在适当的时候发挥自己的特长

每个人都有各自的特长，有的青年教师擅长执教抒情文，有的擅长执教诗歌写作，有的则擅长执教整本书导读。不管有什么特长，都可以借助列出计划来发挥。统编语文教科书五年级上册第五单元的习作“介绍一种事物”，是让学生练习写说明性文章。擅长理性思维的青年教师就可以在计划中将其标注为重点，腾出更多的时间，让学生在这个单元的学习中真正体验说明性文章的写作全过程。例如，真实地去收集资料，真实地去梳理资料，真实地去完成一篇标准的说明文。教师甚至可以带学生去博物馆、图书馆，去电脑机房真正地为写作“忙碌一把”。当然，这么做用的教学时间会长，所以教师更需要在计划中做好安排，做出调整；只有这样，才能够按计划展示自己的特长。

总之，列好计划就是为自己提供保障，保障自己在全程教学中能游刃有余，能调整好教学节奏，能留出充分的时间。列好计划，青年教师就成为自己教学的“总指挥”，计划就成为真正的“教学蓝图”。

同时，我们必须知道：计划赶不上变化。很多时候，突发情况会让你不得不调整计划。列出计划并非万事大吉，应该时刻关注学情动态，做好调整与应对。

用《田忌赛马》学习提问策略，怎么操作

新版统编教科书将原先在五年级下册的《田忌赛马》移到了四年级上册第二单元。学习目标也从原先的“了解人物的思维过程，加深对课文内容的理解”转变为“阅读时尝试从不同角度去思考，提出自己的问题”。从一般的阅读单元变为阅读策略单元，从精读课文变为略读课文，一线教师感到迷茫：到底在执教时，应该注意些什么？到底这样的调整，该怎么教，如何操作？

其实，调整后的《田忌赛马》教学更容易操作，更能产生教学效果。首先，作为略读课文，本课在导读提示中就明确提出：“默读课文，提出自己的问题，再试着把问题分分类。选出你认为值得思考的问题，并尝试解决。”可见，学生学习这一课，至少要做到三会：会提问，能提出自己的问题；会确立关键问题，找到所有问题中最为核心的问题；会解决问题，能解决自己确定的核心问题。

同时，作为策略单元中的最后一篇，本课的学习也是对这一单元之前的提问策略学习的回应、巩固，是对学习结果的加工与提取。在本单元中，首篇《一个豆荚里的五粒豆》让学生大胆、自由提问；《夜间飞行的秘密》让学生了解提问的不同角度，能从内容、写法、生活关联三个角度提问；《呼风唤雨的世纪》让学生尝试将问题分类，并认识提问对阅读产生的作用；作为单元末篇的《田忌赛马》，则要对之前的一切学习结果予以梳理，让之前的学习发挥应有的作用，产生更为有益的学习效果。

从编排的意图看，《田忌赛马》的执教应该更为流畅、有效。但实际教学中，教师和学生遇到的尴尬是，学生在课堂上不爱提问；即便提问，也提不出有价值的问题；提出问题后，无法确定什么是核心问题，更不知道如何去解决自己提出的问题。预设中美好的教学图景并未出现，此时教师需要精心设计，有针对性地解决问题。解决的方案就是，瞄准困难，区分问题，精准指导。

一、提供方法，引导学生提出问题

单元学习中，学生已知的是可以从写作角度、内容角度以及生活和自我的角度去提问。学生获得的是提问的角度，然而具体怎么提出问题，还需要教师简单搭建支架，让学生对“提问的角度”的理解，转化为具体的提问方法。

例如，可以瞄准文中的每一个词、每一句话提问。文中的任何一个细节，都可以分为三个维度展开提问。第一维度是“是什么”，从细节的内容入手提问；第二维度是“为什么”，探索的是细节生成的原因；第三维度是“怎么做”，从解决的方案、方法入手，规划行动。搭建这样的支架，让针对任何一个细节的问题都可以打开多重空间，演变出多重问题。一篇课文中有多少个值得关注的字词细节，就能裂变出多少问题。例如：什么叫“门客”？为什么孙膑会成为田忌的门客？孙膑将怎么看待田忌对自己的这份赏识？孙膑会怎么报答田忌？孙膑将如何运用这个机会，实现自己的理想？抓住词句细节，展开三个维度的提问，能让问题变得丰富多样。

再如，可以结合故事的元素展开提问。作为《史记》故事的《田忌赛马》，必须拥有构成故事的基本元素，即起因、经过、结果，涵盖故事发生时的人物、时间、地点等。围绕这些元素，依然可以展开

“是什么”“为什么”“怎么做”这三个维度的提问，如此就能再次让提出的问题变得丰富、深刻。例如：齐威王和田忌为什么要多次赛马？难道赛马就仅仅是一种娱乐吗？这是针对起因部分的提问。第二轮赛马是怎么操作的？第二轮赛马中，为什么齐威王不知道变更顺序？这是针对故事经过的提问。赛后，田忌为什么要向齐威王推荐孙膑？齐威王为什么任命孙膑为军师？这是针对故事结果的提问。可见，针对故事的元素展开不同维度的提问，能有效提升问题的质量，解决现实教学中的困惑。

此外，教师还可以指导学生珍视自己的阅读感受，针对自己在阅读时感到“惊讶”之处、感到“不可思议”之处、产生“情绪波动”之处进行提问。例如：齐威王凭什么要两次和田忌赛马？凭什么田忌可以调整顺序？田忌为什么如此信任孙膑？第二轮赛马，田忌万一输了，结局会怎样？孙膑是否会继续流亡？齐威王知道孙膑操纵田忌“违规”赛马后，会不会杀了孙膑呢？这些问题都触及了故事更为深刻的内涵，能够帮助学生更为深入地思考。

二、比对排除，精准确定核心问题

在单元学习中，学生已经知道提问的角度。相对而言，从内容角度的提问，问题经过学生的仔细、反复阅读，或者同伴讨论，大多可以解决，很难确认为本课学习的关键性核心问题。从写法角度提出的问题，学生通读全文、上下关联，在比对式阅读后结合自己的写作经历，也能找到答案。当然，这一类问题也有可能成为核心问题，但本单元是阅读策略单元，写作问题可以暂缓确定为核心。

从《田忌赛马》的故事属性出发，故事的结局相当重要。能够撬动、改变故事结局的问题，经过比对后，可以确定为核心问题。例如，这一故事的结局是“田忌赛马后，齐威王让孙膑成为军师”。结局和赛马有关联，但看起来没有直接关联。由此可见，这一结局耐人寻味，很自然地会让人联想到田忌与齐威王赛马中，孙膑究竟做了什么，到底在谋划什么才能让自己从一个大将的门客变为整个国家的军师。找准这一关键，探索孙膑在整个过程中的言行举止，就能够了解历史故事背后的真相，发现人物的内心世界。可见，引导学生寻找核心问题，可以使用比对、排除的方法，删除一些一望便知、一读就懂的问题，选择那些需要深思的、不能一看就懂的、能够切中问题关键的、须关联全文的、具有“牵一发动全身”特点的问题。

确定核心问题也是教学的内容之一。本课教学遵循文章的属性，从故事结尾出发去思考、去拓展，这样的学习经历更有助于学生确定核心问题，并形成“确定核心”的学习路径，让未来相似的学习更有方向。

三、步骤给予，教会学生有效解决问题

看起来问题都会得到解决，即便未经指导，学生也能获得答案——但这更多是在无效的、漫无边际的讨论中，由教师适时点拨而随机获得的。倘若教师能有效给予指导，提供具体可操作的流程，学生就能在解决问题的过程中找到规律，形成可执行的策略、方案，实现课内向课外的迁移。

例如，解决“孙膑在这个过程中究竟做了什么？”这一问题，教师可以手把手和学生经历五个步骤，并有意强调步骤，形成规律：

第一步，研读批注。选择故事中孙膑的言行举止进行精读。

第二步，精读思考。将孙膑的言行与故事中其他人的言行进行比对，思考孙膑言行背后的思想。

第三步，角色替代。将自己代入故事中，从自己的内心感受出发，了解孙膑言行的高妙之处。

第四步，反向推论。在即将形成定论的时候，去反向推断——假如孙膑不这么做，结果会怎么样？会产生更好的效果吗？

第五步，资料介入。提供历史资料，拓展思维空间，让历史的真相帮助自己真正解决问题。

经历五步学习，学生会发现孙膑在田忌身边可以说是伺机而动——即便做门客，也是在找寻机会，实现心中的宏图大志。而齐威王与田忌的这场赛马，更准确地说是“人才招聘会”。齐威王要寻找的就是国之栋梁，而孙膑也许就是他们要寻找的人才。如此一来，孙膑、田忌、齐威王三者的微妙关系，以及为什么故事的解决是孙膑获得军师一职，再后来齐国为什么能发展为当时最强的国家，这一切也就更加明确了。可见，解决问题时，提供具体可操作的步骤是有效的，能让学生知道：在解决问题时，阅读是准备，思考是关键，史料是支持，角色代入是窍门，反向推理是在结论出来前“最后上一道保险”。这样的学习经历，让学生不仅解决了核心问题，还获得了解决问题的基本方法，逐步形成策略。

从会提出问题，到会确立核心问题，再到会解决问题，学生在这一课上巩固了提问策略中的所学，提升了应用策略的能力，获得了真正的核心素养的升级。《田忌赛马》这一篇老课文在新版教科书中，依然能让教师获得新的教学体验。

备课执教谨慎使用“裸读”

当前，不少教师主张备课、设计时，要“裸读”。“裸读”，就是不借助任何参考，靠老师“赤膊上阵”接触文本，得到第一手阅读体验——也叫找到“第一感觉”。

我非常主张“裸读”。我做的备课与设计，确确实实大多数时候是先“裸读”——注意，仅仅是先“裸读”。例如，我在设计《草船借箭》一课时，通过“裸读”，就读出了周瑜和诸葛亮“既互相欣赏，又互相牵制”的微妙关系，同时还读出了“为了联盟大计，同心抵抗曹操为先”的结果。以此解读结果为前提，在这一背景下去读《草船借箭》，每一句话都别有一番滋味。

《百家讲坛》主讲专家王士祥教授在现场听了我讲这篇课文之后，给予了很高的评价。

统编语文教科书总主编温儒敏教授也主张，教师应该有一种“裸读”的能力。“裸读”，至少有如下几个优势。

第一，“裸读”，原汁原味元认知。我们借用“元认知”的概念，以“元认知”一词形象地展示“裸读”时，读者能对文本产生最真实、直接的认知结果。这是一种纯粹的解读结果。“裸读”，就是获取纯粹的路径。

第二，“裸读”，知根知底知自己。我们可以在“裸读”中获取第一印象，了解到自己最感兴趣的信息，形成自己最为朴素的感受。可以说，“裸读”在一定意义上是对自我的反观，是对自己知识系统的检测，是对自我阅读经历的回访，是对自我阅读能力的探底。

第三，“裸读”，见人见义见真相。我们可以在“裸读”中体验文字中隐含的情感、意义、内涵。“裸读”提供的是最切实、最切身的体验。而且“裸读”的成本低，操作性强，读出的收益极具生成性与个性。这些都是我们期待的教学真相。

“裸读”得到广大一线教师的普遍欢迎，这是不争的事实。

但是，如果我们的备课和设计仅停留于“裸读”，是不够的。这很容易让教学变得浅薄，让学习停留在浅层经验的基础上。每次解读，仅凭借单一文本的有限信息，仅借助教师个人的素养，仅依靠直觉反应的一刹那，仅体现教师个人的经验……这些固然构成了特别具有个性的教学风格，但也会带来无尽的教学风险。

万一教师的“裸读”结果误差较大，万一当下的灵感有偏颇，那么产生的解读结果就会使学生往一条路上偏离。同时，“裸读”还容易使阅读沦为轻阅读、浅阅读、感性化阅读，让层次更深的分析、理解、审美、批判等思维活动被排斥在课堂之外。

我曾经读过《美国特级教师的历史课：批判性思维的养成》一书。此书由一个初三学生在跟着爸爸到美国期间，参与课堂学习后写下的读书笔记汇集而成。从这一本笔记中，我们可以管窥美国的课堂。面对一个似乎已经成为定论的观点，还要不断探索、求证、反思，依托庞大的资料系统进行补充，最终得出的才是真正具有个性的——最重要的是——富含思维的“我的阅读结果”。例如，在美国的教科书中，对整个第二次世界大战的介绍忽视了对中国战场的描述，特别是对发生在中国的历史事件提及太少。该书作者就引用了大量的历史资料以及已经证实的历史事实，和执教老师进行争辩，在老师和同伴间还原了历史真貌，让他的美国同学认识到那一段发生在中国的历史，改变了同学们对那一段历史的认知。[①] 如果仅是“裸读”，怎会得到如此圆满的结果？正因为该书的作者知道可供阅读的文本类型众多，读法多样，于是博采众长，引经据典，搜集大量佐证材料后进行理性分析、冷静辨析、自信分享，才得到让人信服的阅读结果。

不恰当地强调“裸读”，也可能是对文本类型认识的缺漏，以至于读得片面与武断。我们来看看，除了选为教材的这篇文章，还有哪些文本可以帮助我们解读。

第一，“文本之前的文本”，以时间为界，在此文本之前就具有的，如前文、引文、相关典故等。这些文本在这篇文章产生之前就已经存在于文化传统中，对这篇文章的生成产生一定的影响。解读时，可以追根溯源，正本清源。

第二，“此文本的附属文本”，犹如“附件”一般，附属于这一文本的，如书籍的序言、后记、跋语，或文章的标题、作者题词、插图、编者按等。这些是文本之外的附加内容，也可理解为文本的“辅文”。“附属文本”提供更丰富的旁证，让我们对“正文”更多一份认识。

第三，“同一类型文本”，与此文本类型最为接近的文本，如由同一作者创作的一组作品、作者不同但创作风格相近的作品、同一体裁的文本等。这些可以让我们看清这一文本所从属的“集合”。在各种类型文本中，体裁是最明显的、最大规模的范畴。采用哪种体裁，就决定了最基本的表意和接收方式。很显然，一篇带多篇，一本带多本，这里的“带”很多源于“同一类型”。

第四，“背景文本”，关于作品及其作者的背景资料，如新闻、评论等。课文解读中，我们常忽视背景信息，这对解读而言是巨大的遗

① 程修凡．美国特级教师的历史课：批判性思维的养成［M］．厦门：鹭江出版社，2017.

憾。例如，解读《匆匆》一文，阅读背景信息，了解朱自清是在怎样一种环境或是要求下写的《匆匆》，就很容易明白文中带着对青年殷切希望的十余个“无问之问”。

显然，一个教师单兵作战式的“裸读”，即便能力再强，也很难与统筹兼顾式的解读相比。仅靠“裸读”，很容易让解读和教学都限于浅薄。因此，结合多文本解读也是一种必备的解读能力。如果青年教师想要在教学中变得从容、优雅、博识，自然不能仅靠“裸读”，否则不足以支撑与应对来自学生的诸多反应，无法适应百变的学情。

我之前已经表达过对“裸读”的支持和尝试，其实我还要告诉大家：“裸读”之后，我们要进入更为庞大的系统阅读，读与文本有关的各种可读之物。正因为这样，我虽然教的是《草船借箭》，但学生谈到三国故事时，我都能应对，还能顺势带着学生回到文本中来，以至于很多听课的老师说：“哇，看起来教一个故事，实际上教了一段历史。”我哪里有这个能耐？那都是系统阅读带来的精彩。

不过，可以肯定的是，这是单纯依靠“裸读”无法抵达的教学美感。

新课文《犟龟》的设计应有新思考

新版统编教科书在三年级预测策略单元中做出了修订，将《胡萝卜先生的长胡子》替换为《犟龟》，排在本单元的次篇，成为略读课文。这样的修订意味着什么呢？对教学设计又会带来什么样的启发呢？

略读课文的学习，要尤其关注课文标题下的导读提示。本课的导读提示表述为“读下面的故事，一边读一边想：接下来可能会发生什么事情？”。总体而言，这一课的学习路径与本单元的学习目标一致，都是“一边读一边预测，学习预测的一些基本方法”。这样的一致是否意味着本课没有具体的学习内容与学习方案呢？关注课后练习中提出的要求，可以进一步明确应设计的学习内容。“在读的过程中你是怎么预测的？故事还没有结束，你认为后来可能会发生什么事情？你为什么这样想？听老师把故事讲完，看看自己的预测和原文有哪些相同和不同。”课后练习对学生究竟要学什么、要怎么去学提出要求，对学习的内容和基本方法、路径做出了规划。可见，解读教学内容是本课教学设计应做的准备。同时，课后以交流对话的方式练习提示了要联系课题进行预测；根据课文内容、课文的关键句等进行预测；当预测内容与原文内容不一致的时候，要关注自己预测的依据；及时修正、调整自己的预测。新版教科书的助学系统，给予学生更为细致、更可操作的指导。

教科书编纂得周到，也可能造成教师在设计上的忽视：不加注意，放任学生自己读这篇略读课文，然后随意分享预测结果；设计上不给力，无法发挥出教材的学习功能，造成学习资源的浪费。这是稀缺的阅读策略单元，学习的成果对学生阅读素养的提升起到关键性作用。研读教材，我发现这一次的修订有三点值得关注，应在教学设计上有所体现。

一、课文变长

随着课文内容的加长，教学设计上应努力促使学生自觉、积极地启动策略。

原课文《胡萝卜先生的长胡子》篇幅偏短，学生在阅读过程中不容易或者说不需要"一边读一边想"。而新课文《犟龟》字数增加，需要学生消耗较长的阅读时间。学习有足够的时长才有助于在学习过程中展开预测活动，真正实现"一边读一边想"。王荣生教授认为阅读策略具有"产生式缺陷"。他指出：我国中小学语文教材，以短小的课文为主。短小的课文，几乎望一眼就能初步感知课文的大致内容，因而学生较容易自发地形成"预览"技能，而较难发展（因为不需要）"预测"等阅读理解策略。①

策略一般是在面临问题时，由条件反射产生的方法无法应对而主动调用的。如果课文篇幅太短，学生在阅读过程中不需要启动策略就可以获得预测的结果，而且能迅速得到印证，因为不需要多久就读完了，就知道结果了。这样一来，真正的学习活动并未发生就已经结束，且造成了"我会预测"的假象。新入选的课文篇幅较长，学生在临场随机生成的方法不足以应对时，会将之前的经验、方法进行全新的组合、加工，形成策略，应对较为复杂的问题，学习效

① 王荣生．阅读策略与阅读方法［J］．中国教育学刊，2020（7）：72-77.

果也随之生成。

文章的长短以及难度系数，正是启动策略的关键要素。《犟龟》不仅字数多，而且内容有较丰富的变化，能激活学生调用策略。例如，犟龟陶陶在前进的过程中，遇到的蜘蛛规劝她不要往前走，她不听；遇到的蜗牛告诉她走了相反的方向，劝她放弃，她依然坚持；遇到的壁虎给了她“毁灭性的打击”，告诉她狮王已经取消了婚礼，不得不去和老虎开战，这就意味着她的行动目的已经不存在了，按常理来说不要前进了。多变的情节，给了学生更多的预测可能。

课文内容的增加，给了设计更多的可能。例如：可以设计让学生自由预测、和原文对比预测、针对关键情节讨论预测、结合预测创编故事等，长文让预测中涵盖的学习活动更充分。

二、错误增多

由于《犟龟》一文内容丰富，情节多变，造成学生的预测结果将产生更多的差错。教学设计上应对这些可能的差错有更为理性的判断，发挥差错的教学价值，让学习更有效。

能够指引学生做出精准预测的，是文中重复出现的段落：“越过种种障碍，穿过树林和沙地，陶陶日夜不停地赶路。”通过这样的关键句以及课后交流对话的提示，学生可以预测犟龟会往前走。同时，从题目中的“犟”字，学生也可以得到预测的结果——犟龟很执着，会往前走。此外，更多的预测，未必能有准确的结果。例如，根据课文的插画，难以做出精准的预测。对比本单元首篇课文《总也倒不了的老屋》，课文插画中的老屋那么可爱，“不会倒”是大部分同学都能做出的预测，也是精准的预测。而《犟龟》中的插画不能给予明确的指示，仅是配合故事意境绘制的。同时，课文中的蜗牛、蜘蛛、壁虎和犟龟陶陶的对话内容不同，也不能够明确地对预测进行指引；以至于课文结尾，壁虎告知陶陶“狮王二十八世不得不和老虎开战，你可以回家了”，面对这样的信息，陶陶会不会继续往前走，结果也变得更加扑朔迷离。

相对于之前的《胡萝卜先生的长胡子》而言，《犟龟》一课产生预测错误的概率更大。错误的预测，到底有没有教学价值呢？教学设计上需要避免吗？其实，在整个预测策略单元的学习中，错误的预测极为可贵，不但不能通过设计“绕过”，还应通过设计让其有计划地“发生”。策略学习是元认知知识的学习，实现的是学习者的自我调整与监控。阅读策略学习中，学生对自己预测的结果实施监控，进行进一步加工，在此过程中提升认知水平，这就是学习所期待的最佳结果。越是具备策略知识、具有较高水平的读者，越会监控自我，关注文中令自己感到不解的地方，比对与自己认识有差别的地方，主动关注可能产生的差错，反复认定并形成新的观点。可见，错误的预测有着三种不可替代的价值——

价值 1：错误应该被视为学生的全新创意。例如，学生预测犟龟不再往前走。那么，犟龟会去哪里呢？故事要怎么编呢？学生可以自己设想其他情节与结局，发挥创意，让这一文学性作品的学习和创意表达更加密切相关。

价值 2：错误应该被视为对故事更深刻的一种体察。学生做出错误的预测后，比对原作会发现差距，感受故事中的犟龟超越自己的认知，完成了“不可能”的任务。学生能体察到犟龟持续朝着自己的理想目标前进，具备常人难以企及的坚韧；以至于乌鸦告诉她狮王已死，她还坚持前进，最终意外地参加了狮王二十九世的婚礼，获得了大圆满。比对之后学生更加理解故事讲述、传播的精神信念，对故事留下更深刻的印象，给自己更多的启发。这样的学习结果更有助于学生将其迁移到自己的成长路径中，获得生命拔节的力量。

价值 3：学生在学习过程中经历“犯错—修正—认知提升”的过程，这就是学习最佳的路径，也是教学设计中须努力凸显的。错误的预测还能让学生参与的兴趣度更高。试想，在过程中“一边读一边预测”，如果产生了错误，读者很有可能在好胜心的驱动下，持续进行预测，或者说预测的结果更为多样，不断让预测的正确率提升。相反，如果预测都是正确的，那么在三五次预测之后，学生的学习态度就变得消极，不屑于预测。错误的预测更促进了学生的深度参与。

教学设计上也要注重对错误预测次数予以控制，因此《犟龟》也要将“文题”和重复出现的“关键句”教学列为重点设计环节，不要为了错误而制造错误。

三、联系密切

《犟龟》一文中有着较为集中的细节描写，这些描写的文学色彩浓郁，设计上应予以关注，弥补策略单元教学文学性不足的问题，让阅读策略的学习和阅读素养的提升联系更为密切。之前的阅读策略单元教学，教师的指导主要集中在“操作”层面。例如，让学生自由阅读，之后进行绘制导图、填写表单、交流总结等活动。学习结果也都呈现为思维导图、人物族谱、维恩图、故事线索绘制、书评书摘等形式。在学生亲近文本、深入品味文字方面，基本上是缺失的。教学异化为活动组织，教师的“教”，主要是组织、策划活动、流程管理；最多在遇到学生有问题，或是有精彩发言时，进行随机指导。文学性给养的过程缺乏，在新课文的学习中，可以通过设计予以弥补。

例如《犟龟》一文中写道:“蜘蛛充满同情地劝她:‘陶陶，我的腿不但比你的灵巧，还多一倍呢，连我都觉得路途太遥远，你还是清醒点儿，赶紧回家吧！’”教学时关注这一段描写，对此段中作者使用的词语进行品读，如“充满同情”“路途太遥远”“清醒点儿”等。关键词语的分析，能够让学生对犟龟的形象更多一分理解。学生可以发现：蜘蛛长这么多腿却不愿意去参加，犟龟爬得那么慢却固执地前往，她可真“犟”啊！此段教学既紧扣文学细节，也有助于学生对后续情节展开预测。从这样的细节描写中，学生还能学习作者对文中起到反衬作用的小人物的写法，有助于学生在未来的文学创作中运用。

再比如，文中两次出现的关键语句中，什么是犟龟遇到过的“种种障碍”？除了“树林和沙地”，犟龟还会遇到怎样的困难，经过何种地质、地貌？教师通过教学设计，让学生设想犟龟这一路的艰辛，用自己的想象丰富作品的细节，在感受犟龟之“犟”的同时，还可以让预测更为成功。

教学设计上关注本文的文学性，让阅读策略的学习更有助于学生阅读素养的形成。这篇课文的编撰，给了教学设计一个机会，弥补原单元在这一组关联中的缺损。

阅读策略单元的学习，主要意图是让学生更会阅读、读得更好，起到促进学习，加强、加深阅读理解的作用。三年级上册阅读策略单元中，《犟龟》这一课的修订具有极大的教学价值，值得一线教师在教学实践中予以周密计划和认真执行。

请不要“跪求”教案、课件

开学期间，网络上到处都是青年教师“跪求”的信息：谁有某版某册的教案？谁有某版某册的课件？哪位朋友能告诉我下载某版某册教案、课件的平台？

于是，提供这些教案、课件下载的平台瞬间火爆，即便收费，青年教师也心甘情愿地接受。在“买单”的那一刹那，人们从不顾及这些教案、课件到手后，到底能不能用，花的钱到底值不值……因为答案是肯定的——能用！特别有用！特别值得！原本需要一年的辛劳付出，在此刻就可以完成。

这样得来的教案，基本上有四种用法：第一，抄一抄，变成手抄本；第二，扫一扫，变成电子版；第三，看一看，变成参考书；第四，改一改，变成自己的讲稿。很显然，后两种用法算是“性价比”更高的。前两种对于教师本人而言，累到手抽筋、眼发花，一无是处。课件拿到手，直接使用的，无疑是让自己的大脑成为别人思想的跑马场，你的灵魂已经被人牵着走。即便你信誓旦旦地要修改，要调整，可一旦进入“一天又一天的教学轮回”时，可能连事先打开看的时间都没有。

即便如此，此法依然火爆。为什么青年教师这样执着地“跪求”、呼告？

大家心照不宣的秘密是“检查”。青年教师的教案，时时刻刻要被检查：学年初，必查；学年中，抽查；职称评定，备查；期末工作总结时，这些教案还要上交到教导处，然后再回到教师手中。走了一个来回，教案上多了一枚印章——“已查”。所以，不如在开学初一劳永逸吧！其实，大部分老师是“有两把刷子”的。手头准备一套，永久封存、备查；上课时另外思考一套，真正用起来。只有检查的人很“无知”，至今为止，宁愿相信检查教案能促进教学。在如今这个信息化时代，为什么我们的检查不能与时俱进？如果把青年教师应付检查的时间还给教研，我们的教学会有很大进步。

可以肯定，青年教师能拿到的免费教案，大多只能用来应付检查。不过话又说回来，真要下载到名师的教案，在备课时模仿名师，那可是“相当有效”，这可能是青年教师成长的必经之路。只不过，模仿是照搬、照抄，或是打印出来按部就班地用。倘若这样，他们永远无法领悟其中的精华。难怪太多青年教师呐喊：名师啊，你是神！你如此精彩，我真的做不到啊！

在自己还没进入实践状态时，就已经因自卑而疏离了。要是用崇拜的眼光无条件接受名师的案例，青年教师就很难取得进步。

我热衷于学习名师，执着地研究了多篇名师课堂实录，观摩了数百节名师教学光盘，解读了各个流派的名师代表案例。请不要误解这只是量的累积。我有自己的独特方法：第一，先完整看一遍。不间断，不思考，看了再说。第二，再看一遍。这一次不是流畅地再看一遍，必须是不断地暂停——每到一处精彩节点，按下暂停键，想一想这个部分我会怎么设计，我会如何提问，学生的问题我会怎么应对；之后，再看看名师的做法是什么，通过对比，发现差距，集中思考名师这么做的理由。学习的要点就是这个“理由”，就是深入名师设计艺术表象后潜藏的技术核心。第三，还要有勇气重新设计。“你是这么上的，我可以怎么上？”重新设计时，有意回避名师的精彩桥段，让自己的设计独具特色。

例如，我非常喜欢王崧舟教授的教学。除了古诗词教学，我把他近几年的课例都重新设计了一遍，汲取了王教授的教学精华，同时上出了自己的独特之处。我还把自己上的课拿去请王崧舟教授指导，他对我这样的做法很欣赏。又比如，我的师兄赵志祥的课被业内称为“不可复制的绝品”。研究他的课，必须萃取精华，从他对传统文化的痴迷入手，不断亲近传统文化，只有这样，课堂上才能运用自如。

能拿到的名师案例毕竟少。真正应该“跪求”的，是团队的合作。要依托教研组，好好研修。备课，教师不要单兵作战，应该由教研组共同参与，合作备课。在我担任备课组长期间，除了常规的教研活动，备课有三件必做的事，被大家称为“必修课”。

其一，集体备一堂精品课。学期初，我们就集体确定一堂课作为年段的精品课，悉心打磨，共同研讨。课题如何确定呢？大家都感到有难度、有兴趣、有争议的，就是攻关的对象。例如，六年级的《十六年前的回忆》、五年级的《杨氏之子》《人物描写一组》等课，曾经都是我们百般琢磨、推敲的。在整个磨课过程中，大家心往一处想，劲往一处使，利用集体的力量实现资源共享、智慧撞击，备课组中所有的教师在此过程中都得益、成长。有的时候，同样一段话有多种设计思路，大家会就此展开议论、商量，甚至是争执，相互间的友谊丝毫不受影响，反而越来越浓。方案初定后，大家轮流执教、听课、评课、反思，一次次修改、调整，最后形成实录型案例，供大家学习、分享。备一堂课，加深一层情感，提升了集体的战斗力和凝聚力。

其二，集体为你备一堂示范课。每学期，集体备课组都会为一个青年教师准备一堂示范课，以此帮助其成长。除了备课必需的集思广益、共享资源，我还会为此活动做足功课：了解该青年教师的个性特点、特长；对其常态课实施多次课堂观察，掌握其执教的风格、特色；和其交流，询问其对执教课的意向或疑问；听取其第一稿设计思路。此后，我们会根据其提供的方案进行集体讨论，分析教材，精细推敲每个环节，提供各种参考意见，直至形成定案。执教当天，我们还会分工合作：有人进行课堂实录，有人进行细节观察，有人专门"挑刺"，有人拍摄录像。课后大家你一言我一语地评课、反思，有专人记录，最后形成一份完整的文案：教材分析—简案设计—课堂实录—阶段评点—课后反思—修改设想。这份文案和录像资料同时提供给这位青年教师，成为他的成长足迹。这也是一份特别珍贵的礼物。

其三，你为集体备一节常态课。备课组的集体备课活动需要有所规划，方能在合作中实现共赢。因此在学期初，我们会做好分工——组内每位教师都结合自己执教的特点和特长，挑选本学期一节课仔细研究、打磨，形成一份详细教案，供备课组其他教师参考借鉴。就像萧伯纳说的那样：你有一种思想，我有一种思想，我们的思想相互交换，每个人就能有两种甚至更多的思想。备课组能收集到五六份特色教案，在保证优质教研质量的情况下切实减轻了每位教师的工作量。因此这是一项深受大家欢迎的活动。

我也主张"一课多磨"。执教《匆匆》一课，我先后设计了十四个不同的方案，最后作为参加国家级大赛的方案，是在赛前一周才确定的。之前的十三个方案，都在默默发挥着作用。"磨"好一节课，进步的感觉特别明显，似乎一下子打通了"经络"，知道课怎么上。每隔一段时间就"磨"一课，就会有阶段性的、持续不断的进步。

有助于核心素养提升的优质教学设计

描绘理想中的语文课堂教学图景，历来是教师所关注的。部分教师非常注重在语文课堂上组织学生进行朗读、记忆、背诵。也有人公开主张：不需要和学生多讲，只要让其在课堂上多读、多背、多记即可——读、背的功夫胜过一切讲解。

这样的观点，拥趸数量庞大，因为其带着传统教学中温和、持久的经典色彩，且在表述时不容易找到漏洞，说起来可以义正词严。同时，这样的主张也可以毫不留情地对试图采用新思考、新做法的教师给予无情批判，树立起传统语文教学“卫道者”的形象。

语文学习是否能在读读、背背、记记中完成？看起来可以，毕竟语言文字的积累、运用就是以记忆、背诵为基础的。记忆与背诵带有传统语文学习中最凸显的特征，是最经典的教学方法。但现实是，记忆及背诵并不能得到学生的拥护。教师也能发现，在强化记忆与背诵的语文课堂中，学生时常会出现“边背边忘”“背过就忘”“多次反复，事后还忘”等现象。这些现象应该引发一线教师思考：学生为什么总是忘记？在课堂教学中，学习效果如何保证？

脑科学研究已经给出答案，因为“人脑的工作记忆模式”和记忆与背诵时所启动的“电脑的工作记忆模式”是有本质差别的（表1-2）。

表 1-2 电脑、人脑工作记忆模式差异表

电脑的工作记忆模式	人脑的工作记忆模式
点击“保存”，立即形成	现场气氛热烈，事后快速消退
按照记录的原样调取	调取部分信息，重新组合，形成新的认识
被“记住”后，就不会再改变	随着使用的频率、方式而改变
占用内存空间，硬盘逐渐填满	几乎不占空间，大脑有无限的容量

原来，人的大脑不喜欢被强迫，而喜欢热烈。大脑的记忆需要仰仗对旧知识的调动，而不是直接塞入。大脑的记忆是灵活的，是“可写”的，是随时变化的，而不是僵硬强记的。大脑的记忆是在面对真实问题、具体的工作场景时被激活的，而不是在静止状态下直接填充的。也正因此，大脑的工作记忆才有无限的容量。

新课标将语文学习的目标全面升级为“语文学科核心素养”。语言文字的积累与运用，是核心素养的第一要素，必须得到重视。但语文学习的意义并不止于此。核心素养旨归下的语文学习，还注重对思维能力的支撑、对文化的理解和传承、对审美创造力的提升。在教学总目标的指引下，课堂教学设计应有所转变和改进。

本文以统编语文教科书五年级下册第二单元的经典名篇《草船借箭》为例，观照在核心素养目标指引下，语文学习应该发生哪些变化，同时思考新课标时代的语文课堂教学应如何升级，才能确保学生的思维不断迈向高阶，让学习在课堂上真正发生。

《草船借箭》堪称经典，不少教师会在教学中让学生直接记忆和背诵，或者根据课后题指示，让学生背诵、默写课文第二段中“周瑜和诸葛亮的对话”，以感受周瑜的奸诈、狡猾与诸葛亮的神机妙算。背诵这一段固然能够使学生增强语感，获得文中的基本信息，但也只

停留于此。学生并不能感受到本文作为经典的古典小说选段的魅力，也无法领略文字背后的丰富内涵与深刻意蕴，更不能体会到作者行文的巧妙，学习后的思维层级也只能停留在最浅层的“信息获取”上。

进入第三学段的语文学习，即便是阅读层级中的“理解信息”，也应不断迈向高阶。阅读层级中的“理解信息”“概括洞察”“发现应用”，都有着迈向高阶思维的发展路径。例如，“理解信息”也须经历从相关性到复杂性、联系性，再到挑战性，最后到概念性的升级。美国学者 R. 布鲁斯·威廉姆斯在其所著的《高阶思维培养有门道》一书中，就列出了高阶思维技能的矩阵（表 1–3）。

表 1–3　R. 布鲁斯·威廉姆斯提出的高阶思维技能矩阵①

阅读层级	相关——同时代性	丰富——复杂性	关联——联系性	严谨 / 专注——挑战性	迁移 / 递归——概念性
理解信息	比较 / 区别（信息的不同方面）	分类 / 整理 / 排序（信息）	建立联系（与先前知识）	解释为什么（从信息中找到意义）	分析（信息的主题及概念）
概括洞察	评价 / 判断（融入个人观点）	视觉化 / 想象（材料的表现）	强制建立关系（看到不寻常的联系）	推断（发现言外之意）	类比（发现概念关系）
发现应用	应用（至个人生活）	创造 / 创新 / 发明（迈向未知领域）	推广（至新的情境）	定序（辨别出下一步）/ 预测	迁移（至其他情境）

由表 1–3 可见，“理解信息”这一阅读思维层级包含五个逐步提升的梯度，分别涉及对信息理解的比较与区别，分类、整理与排序，建立联系，做出解释以及生成概念。简单的记忆与背诵，无法让学生在新时代语文课堂上实现认知层级的提升，进而完成思维进阶，自然

① R. 布鲁斯·威廉姆斯 . 高阶思维培养有门道［M］. 刘静，译 . 北京：教育科学出版社，2021.

也无法实现核心素养学习目标。那么，我们究竟该怎么做呢？

英国学者麦克·贝尔所著的《教学基础：循证教师都在用的五步法教学》一书中提出了旨在促进思维不断升级的五步循环基本教学法：（1）检查并填补原有知识；（2）展示新内容的有效方法；（3）设置具有挑战性的任务以促进学习过程；（4）提供指向改进的反馈的方法，确保形成正确记忆；（5）提供间隔重复的方法，确保形成长时记忆。[①]

以《草船借箭》一课为例，教师使用五步法教学，不仅能够让学生完成记忆，还能够在此基础上不断推动学生的理解逐步迈向高阶。具体操作如下。

1. 借助原有知识系统，启动连接

教师可以让学生自由阅读课文，借助文字初步把握信息。学生对文中描写的“周瑜与诸葛亮的对话”“诸葛亮雾中借箭”环节尤其感兴趣。这部分文字生动，学生能自己读懂最为基础的内容。这样愉快轻松的学习体验，让学生在起步阶段对后续的学习有信心，激活了参与学习的应有状态，为接下来的挑战做好准备。

2. 提出问题，进入新的学习路径

教师可以提出一个内涵较丰富的问题：周瑜和诸葛亮谈话，他们究竟在聊些什么呢？学生通过信息的整理、归纳，可以发现他们聊的话题共有四个：其一，双方谈军情；其二，双方说出军事物资需求；其三，周瑜追问诸葛亮完成任务的时间；其四，周瑜让诸葛亮立下军令状，确保完成任务。

在初步梳理信息的基础上，教师可以追加问题，进一步引导学生思考：难道在这个过程中，诸葛亮从头到尾都毫不知情？在这一问题

① 麦克·贝尔.教学基础：循证教师都在用的五步法教学[M].张阳，译.杭州：浙江科学技术出版社，2024.

的指引下，学生对课文内容进行前后关联式的学习，对整个“草船借箭”的事件进行联系思考、理解分析。这一学习活动可促使学生发现，此时的诸葛亮和周瑜表面上是在聊军事，实则是代表各自的政权展开博弈。周瑜表面上要和诸葛亮合作，实际上处处是给诸葛亮“挖坑”，设置陷阱。诸葛亮则从容淡定，明知道对方要陷害自己，却能将计就计。因为他早已心知肚明，且有了完整的计划。

在这一阶段的学习中，教师可以不断指导学生关联文字信息，反复印证自己的猜测、推论结果，还可以引导学生结合课外阅读所学，对周瑜和诸葛亮进行人物形象刻画，以此加深对课文的理解。

3. 设置具有挑战性的任务，激活思维

进入这一阶段，教师可以提出一个具有思考价值的挑战性任务：请解释《草船借箭》一文中，到底发生了几场战斗。要完成这一学习任务，学生的思维必须被激活。从文字中直接看得见的战斗是“诸葛亮借大雾向曹操借箭”，这一点文中进行了详细描述，通过阅读可以直接获得。此外，还存在着“看不见的战斗”，也就是周瑜和诸葛亮的舌战，这可以说是一场没有硝烟的战斗。这需要学生综合信息，分析、理解后才能得出结论。学生发现了文中的两场战斗之后，教师可以继续推进学习，不断迈向深入。教师指导学生分析两场战斗之间的关联：为什么周瑜要给诸葛亮设置这样的障碍？诸葛亮为什么要通过大雾天“草船借箭”的方式来完成这样的任务？这些问题的答案不是明摆着的，而是要经过思考、判断来获得，学生要进行创造性表达。

在这一环节中，学生不断接受具有挑战性的学习任务。要完成这些任务，学生不能仅依托课本，还要借助课外阅读，还要通过小组讨论，来深度思考。当学生将文中“看得见”与“看不见”的信息建立了关联，发现了二者之间隐藏的联系时，学生的认知层级便在“概括洞察”层面有了提升。

4. 对已知进行检查与反馈，印证所学

在这一阶段，教师可以组织学生填写学习单，对以上所学内容进行梳理归纳。同时还可以提供相关的背景资料，组织学生进行深入讨论，确认之前的学习收获，巩固课堂学习成果。之前学生所学的信息，也能在此阶段得到运用、辨析、判断，并帮助学生获得全新的认知。从“发现应用”这一阅读思维层级来看，学生可以通过学习不断深化理解。

5. 运用与反复，以实践活动巩固所学

当学生完成以上学习任务时，教师还可以组织学生进行梳理，引导学生关注“草船借箭”的准备阶段、战斗交锋阶段以及结束汇报阶段，指引学生反复紧扣第二自然段的对话描写，再次清晰地认定周瑜和诸葛亮在交谈之时的思维之战，以此让学生更为深入地了解二人对话之下暗藏的玄机。至此，学生对本文学习的内容已经熟悉，通过课堂教学中设计的反复学习，再次获得成果，形成相对永久的记忆。

显而易见，面向高阶且不断推动思维向深度发展的教学设计，能够让学生借助文字学习，突破文字的局限，获得认知的持续提升。在新课标时代，一线教师不应固执守旧，而应深入解读课标，以科学的设计助力学生的思维不断迈向高阶，让语文学习不止步于对知识条目、信息的生硬记忆、背诵，而是不断追求个性化的深刻理解，并在思维中产生创造性的学习成果，这才是新课标所倡导的核心素养学习。总之，进行有助于核心素养提升的优质教学设计，是一线教师在新课标时代的应有能力。

教学目标与“等待点”

乘坐动车到外地，接我的朋友事先告诉我：“下车后，到‘等待点’相见。”他所说的“等待点”，就是车站专门为接旅客的人设置的地点。朋友还描述了“等待点”大概的样子，以及到达“等待点”的路线。我们愉快地在“等待点”见面了。

我们在商场里和家人约定：“我们各自逛各自喜欢的区域，最后在‘等待点’相见。”分别前，我们相互确认了“等待点”的位置，明确了到达“等待点”的路线，约定了到达“等待点”的时间。

这里有一个非常有意思的地方，叫“等待点”。它有三个鲜明的特色：第一，它是各方预先设定的前进方向，只要处在活动、项目、任务中的人，都向着这个方向进发、聚拢；第二，它是各方力量都要共同抵达的目的地，只有到达才为本次过程画上句号；第三，它为各方提供了交汇融合的平台。

大家应该发现了这三个特点，其实就是课堂教学中“教学目标”的特点。“等待点”涵盖了“我要去哪里？”“我会怎么去？”“最终到了吗？”三个要素，这与教学设计中确定教学目标时要考虑的“要达成的是什么？”“怎么才能达成？”“如何检验是否达成？”三要素完全匹配。因此，我认为教学目标就好比是“等待点”。

在具体教学设计中，我们该如何顺利抵达这个“等待点”呢？具体来说，有三条建议。

一、前提——“我在那里等你”

教师在设计教学前，最重要的任务就是确定教学目标。教师要明确“等待点”在哪里，也就是要明确教学目标是什么。教学，就是要带着学生抵达目标。教师应该做到对于目标胸有成竹，设定时力求明晰、简洁，犹如一个一说就懂的“等待点”。

宏观的目标就是要落实语文学科核心素养，在“语言”“思维”“审美”“文化”四个方面，促进学生不断成长，通过抵达新课标中不同类型的阶段目标，最终抵达小学阶段的总目标。中观的目标可以瞄准教材中的单元导读。导读中为我们罗列了本单元的具体教学目标，是一个单元学习之后要落实、要抵达的“等待点”。微观的目标就是这一课究竟要做什么，要教到什么程度，要达到什么效果。每一课的目标不要大，不要多，实现“走好眼下的一小步”。只要一步接一步，教好每一课，就能在单元教学完成时，抵达中观目标。落实好教学，毕业时就能达到课标中的宏观要求。学生也就在教学的推动下，来到一个又一个大大小小的“等待点”。

例如，统编教科书四年级上册第二单元（提问策略单元）中有一篇课文——《夜间飞行的秘密》（原名《蝙蝠和雷达》）。如果未曾设定目标，很多教师很可能会把它当作说明文来教，教学时特别在意文中那些说明性较强的语言，不断让学生感受语言表达的精准，理解说明性文字的简约特色。须知此课被编入的是提问策略单元，教学目标集中指向提问策略的习得。因此，整个教学设计也应更多倾向于为“学会提问”而教。教师明确这一点，学生才能顺利通过学习抵达目标，才不至于每节课都只知道一些常识。

也有不少人主张目标要随机生成，要根据学情去调整，称之为

“以学生为中心”。李海林教授的《美国中小学课堂观察：一位教育学教授的笔记》一书，对“以学生为中心”做了对比和解读，希望持有这个观点的人可以多看看。有时候，这句话几乎成了口号，成了无法设计或者设计不当者极为不负责任的“遮羞布”。真要确立学生中心，就要“以学生的学习为中心”，要通过教学不断引导学生向学习的“中心地带”进发。要真正到达中心，教师就要事先为学生的学习设定明晰的目标。目标都没有，如同射箭没有靶心，又何谈瞄准、何谈命中呢？

二、过程——“我们一起去那里”

“等待点”设定后，不管身处何方，各方最终都要到达“等待点”。而到达的过程，是千差万别的。针对教学设计而言，此条强调的“一起”更集中指向师生双方在教学活动中实现教学相长，师生双方在教学活动中时刻携手共进。

在向着“等待点”进发的过程中，学生一路探索，一路解决问题，一路获得认知生长，但前行的过程绝非一帆风顺。过于轻巧地抵达，说明了目标的设定是有问题的。而努力克服困难的过程，需要教师的专业相伴。教师在过程中或指引，或开导，或启发，或提供帮助，或给予监督，或进行纠偏，总而言之，不可置身事外，应该与学生携手并进。在学习的全过程中，教师也在成长。

在向着“等待点”进发的过程中，教师和学生都是变化中的认知学徒。也许你会说，教师不管，学生也能到达。是的，但这会出现高损耗、碎片化的教学倾向。明明教一下就能突破难点，就不要什么都要探索；明明可以系统地讲述，就不要逐个细碎地获取。同时，教学相长，让经历的整个过程更具学习的意味。

三、结局——“真到了才放心”

设定了教学目标，如同指定了“等待点”；是否抵达目标，如同是否真正到达“等待点”。第三条涉及的问题是教学检测。

在教学设计中，关于目标的抵达，时常是教师自己说了算。其实，应该是经过检验，由检测结果说了算。是否真正到达“等待点”，应该通过设计教学环节实行检测，让目标变得可测，让教学的结局真正圆满。这就如同教师和学生都来到“等待点”之后，还要清点人数，做到“一个都不能少”。

检测环节如何设计？要因文而异，可以灵活多样。例如，统编语文教科书三年级下册《鹿角和鹿腿》一课中，有一个局部的教学小目标是“体验小鹿的欢喜心情”。教师在教学中让学生把自己当作小鹿，体验看到鹿角时的欢喜心情。学生都说能体验到，教师就让大家通过朗读语句来检测。学生体验到了，朗读时言语中就会带着欢喜，情绪激昂；没有体验到，朗读时就是机械地吐字，干巴生硬。再如《夜间飞行的秘密》中，要学习的是提问策略，学生真的学到了吗？我们可以通过提供自学资料来检验，让学生自行阅读资料，之后提出问题。全班关注并讨论提出的问题是否有质量。这是通过学习实践来检测的。

师生都感觉抵达教学目标后，教师应设计一个检测环节来验证，或朗读，或实践，或交流，或书写，或绘制图表，等等，让师生明确知道——我们都来到“等待点”了。

将教学目标比喻为“等待点”真贴切。光是“等待”二字，就有一种教育中应存的温暖。这是一次师生间关于教学的预约，让人有一种期待和守望的情怀，让教学过程中迈出的每一步都是朝着目标的进发。当然，“等待点”也可以设计成“点”与“点”的连接，也就是在一个目标抵达后，立即朝着另一目标发展。整节课各板块的“点”构成完整的“点的矩阵”，一个单元组成“点的图谱”，一个学期的教学构成目标之间的螺旋上升。这样一来，每一节课都是从一个“等待点”到另一个“等待点”的进程。

教学如同行路，我们需要在每一个“等待点”停歇、整理，之后再上路。

执教统编语文教科书的三处借鉴

曾经，我和青年教师一起备课，探讨统编语文教科书三年级下册第六单元中的课文《剃头大师》到底该怎么教。没想到，整个备课与思考的结果，还为青年教师执教统编语文教科书带来三处借鉴。

第一，目标定位，导向很重要。统编语文教科书的备课与设计，单元导读不可忽略，需要借助导读确定教学目标，设计教学板块。这一点，不要忘记。

第二，方法授予，教读很明确。统编语文教科书的教学课型分为三类：教读、自读、课外阅读。未加“*”号的都属于教读课文。教师教读时不教，学生如何能会？教读，就应大胆地教，而且要教学生实用的驾驭语言和表情达意的方法，让学生在生活中用得上。

第三，自主学习，模仿很有效。按孔子的观点，学习的本质就是举一反三。既然教读中学生习得了方法，那就应该用方法，适时模仿、借鉴、迁移，让方法成为活的方法。

《剃头大师》一文的作者秦文君是著名儿童文学作家，我们都很喜欢她的作品，青年教师也特别喜欢执教此课。这个单元的阅读教学目标是“运用多种方法理解难懂的句子”。说实在的，我们一起研读完整版《剃头大师》后发现，难懂的句子真的不多。原因很简单，这是一篇绝佳的儿童文学作品，因为文中有两个突出的特质。

其一，作家懂小孩。秦文君不愧是著名儿童文学作家，她的作品特别适合小孩阅读，每个小孩一读就懂。为什么？作家太懂小孩啦！

她知道尽管在大人看来很无厘头，但小孩子总是害怕一些事，如怕“鬼”、怕喝中药、怕做噩梦、怕剃头……她知道小孩特别讨厌那些逼着自己做害怕的事的人，如那个剃头师傅，就是最让人讨厌的“害人精”；她也知道“头发针”掉到脖子里是多么难受；她还知道只有小孩敢于冒险——让没有学过剃头的“我”成为“剃头大师”，为表弟剃头……作家懂生活，能够站在儿童的视角去写生活，这都源于她非常宝贵的儿童立场。

其二，小孩懂文字。因为作家懂小孩，所以写出来的文字小孩懂。这就是良性循环，就是人与文的和谐、美满。例如，那个认认真真剃头的师傅，被小沙叫作“害人精”，小孩一看就笑；那个根本没有剃过头的“我”敢于自称“剃头大师”，小孩也不反对；又如，“姑父的睡衣就像一张熊皮”，这在小孩的理解中是理所当然的；再如，“一眼望去，整个头上坑坑洼洼，耳朵边剪得小心，却像层层梯田”，这些文字小孩看了就觉得亲切、好懂。因为这是基于儿童的认知写成的，是充满童真、童趣的优秀文字。

可是这样一来，教学目标“理解难懂的句子”要如何达成呢？难懂的句子都没有，何谈理解？最后，还是在教科书解读和设计上，我和青年教师们共同找到了方法。教科书就是样本，教学就是教方法。本单元目标是教小孩“理解难懂的句子的方法”，而不是“理解难懂的句子”。教科书就是一个例子。

想通了这一点，我们的教学设计就清晰地分为五步。

一、找准“人”

学生通过对比文中的“剃头大师”，也就是“我”和真正的剃头老师傅“害人精”，去发现他俩的剃头技术到底怎么样。对比也不要漫无边际，可以从四个方面入手：第一，两人使用的工具有何不同；第二，两人的技术有何差别；第三，两人剃头的价格究竟怎样；第四，两人剃头的结果又是如何。对比之后，学生能对课文留下初步印象。

二、找准“词”

找到文中以小沙角度描述的、关于剃头感受的三个“最”。它们分别存在于文中的三句话中。

第一句：“最痛苦的是，老师傅习惯用一把老掉牙的推剪，它常常会咬住一绺头发不放，让小沙吃尽苦头。”此句中抽取的是“最痛苦”。

第二句：“最让小沙耿耿于怀的是，每次剃完头，姑父还要付双倍的钱给‘害人精’。”此句中抽取的是“最耿耿于怀”。

第三句：“这还不算倒霉，最倒霉的是小沙父子：小沙被迫去理发店剃了个和电灯泡一样的光头；姑父呢，那件睡衣上的头发怎么也清除不干净，他每天夜里都要爬起来两三次，捉跳蚤一样找身上的碎头发。”此句中抽取的是“最倒霉”。

找到三个极致表达之后，教师让学生解释三个“最”，从感受的角度比对，哪个最让小沙深恶痛绝。学生从字面意思上发现“最痛苦”是很难过的，于是得出结论：文中的“我”，比较起来还真是“大师”级别的。通过词语辨析，教师确立接下来教读的重点——“剃头大师”“我”。

三、找准“句”

既然老师傅带来的感受是最糟糕的、最让人痛苦的，那么接下来教师就将教学的重心偏向“剃头大师”，让学生依然关注“大师”的剃头效果，阅读文中的最后一段：

当然，我没得到那五块钱。这还不算倒霉，最倒霉的是小沙父子：小沙被迫去理发店剃了个和电灯泡一样的光头；姑父呢，那件睡衣上的头发怎么也清除不干净，他每天夜里都要爬起来两三次，捉跳蚤一样找身上的碎头发。

教师让学生读上几遍后说一说：你觉得这段话中，有意思的句子是哪些呢？学生找到的是“小沙被迫去理发店剃了个和电灯泡一样的光头”以及“每天夜里都要爬起来两三次，捉跳蚤一样找身上的碎头发”两个部分。我们将其确定为难懂的句子。

此处需要说明的是，所谓的难懂，不是文字让孩子难以理解，而是文字带有意蕴与趣味，值得花时间琢磨。

四、找准“线”

以难懂的句子中的一句为例，寻找此句“意思生发的线索”。例如，“小沙被迫去理发店剃了个和电灯泡一样的光头”一句，教师引导学生往前寻找，尝试发现“光头”是怎么一步步产生的。因为此句在文末，所以，只有联系前文才能发现。

学生找到了这“光头”出现之前，头发是“越剪越短，甚至露出了头皮”；往前是“头发长长短短，这儿翘起，那儿却短得不到一厘米”；再往前是“这儿一剪刀，那儿一剪刀”，头发纷纷飘落；再往前是“嚓嚓两剪刀，就剪下一堆头发”；再往前是“小沙的头发很长了”，到此为止。

可见，不断联系前文，学生能够找到小沙的头发在“剃头大师”的运作下不断变化的过程。学生很自然地能够理解，为什么最后小沙需要剃一个像电灯泡一样的光头。

也许你还会以为“和电灯泡一样”需要理解，其实并不需要针对这些所谓的运用比喻的句子。其一，这样的比喻常见，不难；其二，这个比喻很形象具体，学生有生活经历，不需要理解。

我们教学“理解难懂的句子”的方法，到此就完整演绎——联系前文。

五、找准“法”

如今，学生已经有了方法——联系前文读懂。教师可以立刻组织学生，运用到对第二处的理解上，去弄懂为什么姑父“每天夜里都要爬起来两三次，捉跳蚤一样找身上的碎头发”。学生也能够找到之前的描述。例如，“姑父的睡衣就像一张熊皮，上面落满了黑头发”；又如，“剃头大师”居然用姑父的睡衣作剃头时的围裙。联系前文的方法，运用在理解这句话上特别好用，能帮助学生自己理解这一处“难懂的句子”。

至此，这一课时的学习也就圆满收官。从初读课文，了解人物开始，之后进入字词的理解辨析，再到关键句子的发现，再到归纳出学习方法，最后到方法的运用，学生系统地学习了“联系前文读懂难懂的句子”的方法，初步完成了单元教学目标。别忘了，本单元的教学目标是“运用多种方法理解”，本课让学生学到了其中一种。

我将前面提到的三处借鉴连同《剃头大师》这篇课文的教学设计与青年教师分享，希望对大家执教统编语文教科书有帮助。

阅读课两大难题如何破解

青年教师在进行阅读教学的设计与执教时有两大难题，在低学段尤为突出。

第一，生字太多，怎么教？学生没读几句就开始识字、写字——称为“随文识写”。课文没读够，更没读透。字呢？学生课上写了，教师也讲了，但只能是蜻蜓点水。

第二，写片段耗时太多，怎么处理？学生刚读到有意思处，就忙着写个片段。小学生写得慢，一写就是十来分钟，剩下内容匆匆写就，整节课支离破碎。

青年教师很有责任心，设计、执教时要顾及多方，所以常见的阅读课真的不像阅读课。说来也怪，大家依然对这类做法给予好评——“扎扎实实”。执教者获得这样的赞誉，自然能心安，但总觉得不对劲。我认为这样的课真的不好，因为学生不喜欢。这样不讲究效果，一味求得表面扎实的做法，真让人担忧。这是对课时、课型、教学任务的不明晰，也是对教学效果的误识，更是对学生的忽视。我们给予他们的是支离破碎的结果，是不伦不类的阅读教学。可是，生字确实是低学段语文教学的重点，毋庸置疑，要教；补写，确实是当代阅读教学的特色，以写促读，要教。于是，很多青年教师相当纠结。

例如，我和青年教师一起设计统编语文教科书一年级下册《荷叶圆圆》一课，就遇到了这两个问题。该课有十二个要认的生字，有六个要会写的生字，还有一个“身字旁”是要完成的教学任务。面对一年级的学情，以及识字、写字任务这么多的教学常态，老师在设计时就开始慌乱了，心里总担心学生能不能认识、会不会写，担心自己能不能完成识字、写字的教学任务。于是，再好的文本，再好的故事，再精致的语言，都被抛在一边，老师忙着讲字形，说字理，介绍书写要义……这还是阅读课吗？但他们固执地表示：低年级就是以识字为主。

之后，他们依然放不下“写”。本课列举了小水珠、小蜻蜓、小青蛙、小鱼儿在荷叶上的优美姿态和趣味活动。老师让学生再想一下：还有谁会在荷叶上？会做什么？这是一个延续文思的续编续写，虽然只是要求用简单的一两句话模仿，却完全没有顾及学生的难处。角色的寻找简单，动词的精准就难了，再加上悠然自得的动感描述，这可不是“一拍脑袋，说来就来”的。其实，这一课的课后练习只要求学生“读一读，写一写”：荷叶圆圆的，绿绿的。苹果呢？连续用上两个叠词来描述……仅此而已。

再如，统编语文教科书二年级下册的《蜘蛛开店》一课，课文描述的情节很有逻辑。蜘蛛编织口罩，来的是河马，需要很大的口罩；蜘蛛随即根据情况，改为编织围巾，没想到来了长颈鹿，围巾要织得很长；蜘蛛立刻想到织袜子，没想到来的是一条四十二只脚的蜈蚣……不少老师让学生当堂就“想一想，接下来会发生什么事？续编故事”。实际上，这是课后作业，需要有大量的时间构思，更仰仗于课堂中对文本的内在逻辑的理解；现在改为让学生当堂写，不仅耗时多，挤占了阅读教学的时间，而且续写出来的片段就没有写作上的意义了，只是随口说说而已。

其实，这个故事要续写，还是比较困难的。故事中暗藏着特别有关联的逻辑。例如，编织口罩，困难在于“大”；编织围巾，困难在于“长”；编织袜子，困难在于“多”。往下写，蜘蛛该编什么呢？手套、衣服、裤子，或者是眼罩？那么，相应的困难应该是什么呢？按逻辑推演，要么是“短”，要么就是“小”。在这个逻辑下，应该让谁来蜘蛛的店铺里光顾呢？这是需要细细推敲、仔细打磨的。所以，即便是作家鲁冰本人，也只写到这里。然而，让学生当堂任意往下写，似乎只要“来的是个动物”就行。这样的续写，不但价值不大，还对文章构思的理解、对学生写作构思力的培养等，有负面影响。

回到我们的主话题：这两个难题怎么破解呢？先说生字教学。

第一，要树立正确的课时观。我建议集中识字，可以和阅读文本分课时进行，确保在阅读课中能集中进行阅读教学。即便是识字、写字，也是为了阅读啊，怎么能舍本逐末呢？读好课文，读懂课文，了解故事，生发感受，浸润于文学的魅力之中，培植文化与审美意识，这些都是“基础工程”，应当在阅读课中予以保证。

第二，设计时可采用板块区分教学。非要在一课中既有生字教学，又确保阅读教学效果，就要处理好教学的板块，集中完成不同的教学任务。例如：第一课时，要偏向识字、写字，完全可以，这是阅读的前奏；第二课时，务必确保阅读教学的完整。

第三，要能明确区分教学任务。例如，统编语文教科书设计了“会认”的生字，教学任务就是“认识”。学生阅读时，能结合具体的语境，自然地认出即可；认识的次数多了，在课外阅读时，联系上下文能认出，就是完成了“认识”的教学任务。这些“会认”的生字，日后还会以“会写”的教学任务出现。再如，统编语文教科书中每课有要求“会写”的生字，可以在课后集中书写，教师在教学时对于易错字可以提醒书写，不要面面俱到，更不要逐字讲解字理。我们教的是小学生，不是训诂学博士生，适当讲解字理能增加趣味，夯实传统文化，但也要根据阅读教学需要有所选择。

再说当堂写这个问题。

第一，应该明确当堂写的意义和目的。将写融入读，这是当下阅读教学的主流，值得探索和实践，但不能一窝蜂地上。搞清楚为什么而写，是否有助于读，很有必要。例如，为了模仿句式写，为了语言的运用写，借助言语进行表达，随文批注写，即兴偶得，等等，都可以当堂写，但必须符合三个特点：一是“黏”，和原文有黏度；二是“简”，简单写，写短小片段；三是“快”，在整个阅读课中，当堂写的时间需要控制，鼓励快速写。

第二，不同课型集中完成各自任务。专门的写作课，不要总是读范文，应鼓励学生好好构思，从无到有地生发文字，酝酿思想，写就写得纯粹。专门的阅读课，就应该以读为主，即便是写，也是以读促写、读写融合的。不要剥离出时间，专门为写而写。阅读课的写，更多是对写法的认识，对作者创作思路的了解，对文体特征的把握，对写作逻辑的探索。统编语文教科书三年级下册《慢性子裁缝和急性子顾客》的作者周锐先生，曾经给“语文榕”微信公众号撰稿，写到他的创作思路：

我已记不清遇到什么启示才写这篇童话的。一开头它有点像民间传说，但很快就转到创作童话的路径。当慢性子裁缝说清楚他要到明年冬天才能做好棉袄，急性子顾客失望地正要把布料拿走，裁缝的一番话又留住了顾客。在现实中不会出现这种交易，所以裁缝对顾客的说服使用的是童话的逻辑。“依我看，我做的活儿最适合您这种性子的顾客啦。”“为什么？”“照您的性子，您肯定会一拿到衣服就穿在身上，不是吗？……可是您无论在秋天、夏天还是春天穿一件棉袄，人家都会笑话您的。我呢，决不会让人笑话您。……”接下去，我让读者的视线全部集中在急性子顾客身上。为了早点穿上新衣，他先是请求裁缝抽掉棉花，将棉袄改成夹袄；又要求剪去袖子，改成夏天能穿的短袖衬衫；第三次又请裁缝再接上袖子改成春装。裁缝说他不用接上袖子，因为他还没开始裁料，“我是个慢性子裁缝啊”。

最后的结果出人意料却又入于情理。

有人会问：“这个故事的教育意义在哪里？”

一开头不能说它教育孩子不要太急急忙忙了，也不能说它教育孩子别慢慢吞吞，它没走我国20世纪五六十年代童话创作那种先讽刺一通、再一锤定音的常用套路。这个故事里有夸张，但没有讽刺。

不过，也不能说它没有教育意义吧。它的童话逻辑是在想象力的基础上展开的，想象力的“春风化雨”在儿童教育中绝对是不可或缺的。

从读到写，更应该关注对这一“童话逻辑”的认识，让学生经历阅读后，对这一逻辑有所了解，思路更清晰。这才是有助于写的读。也许，这样的写是隐性的，不要动笔，思想先行。相比之下，简单提笔模仿急性子顾客或者慢性子裁缝的语言，写几组对话，写作的意味就大大折损了。作家本人也说：这故事是写着写着就写成的。语言，不是刻意而为的结果。

课堂上如何教知识

通过参加一项教研活动，我听了西南大学魏小娜教授多节习作评点课，获取了重要的教学设计理念——教学中，教师应主动教学生可用的知识。

语文要素中就包含必要的知识。语文课不可或缺的就是学习知识，获得认知生长。然而，知识就是“干货”，如何“咽下”这样干涩的“口粮”，其间一定需要润泽，帮助消化。寻找可用的知识，确认教学的内容，并不是难事。教知识，让学生掌握，却极其考究。学生在课堂上学知识，绝对不是轻松如获取百度上的条目，不是背诵简单的概念和定义，而是要经历转化，经过教学的加工，要融入个体认识系统中，才算完成。一句话：知识要做到可理解、可认同、可运用，才算是“我的知识”。

如何教知识，实现外部信息到内部认知的顺畅转化，就成为设计者关注的焦点，也成为教学成败的关键。我在设计与执教统编语文教科书三年级下册第六单元习作“身边那些有特点的人”的过程中，深深感觉到：光教学生知识是没有用的。例如，要写好身边有特点的人，关于如何写人的知识很多，也很容易讲清楚。比如从内容角度来分，可以写人的外貌、动作、心理、语言等，只要不断强调突出特点即可。只需要几句话，教师就能把知识讲完。再比如，从写法上来分，可以是正面描写、反面描写、侧面描写，或者是多角度的全面描写。知识再丰富，也有说完的时候，教师也能够清楚地表达出来。可是，学生获取这些概念化知识后，依然不能够在写作中实现“突出人物的特点”。因为他们不知道要从正面如何描写才能够体现出人物的特点，无法达成借助事例来表现人物特点的目标。

学生知道要做什么，可对于怎么做不清楚，做起来一片模糊。所有学习结果上出的问题，都可以在设计上找到突破，寻求解决。学生的困难，实际上就是教学设计应关注的焦点。

受魏小娜教授的启发，我对“身边那些有特点的人”一课的教案重新做了调整。在颠覆前案、设计新案的过程中，我也发现了在外部知识经过教学转化，融合为学生个体认知系统的过程中，我们应该注意的地方，具体为三个方面。

一、“打包”和“拆分”，样本要充足

知识是概念化的条目，是高度凝练的语言。知识很重要，但理解知识更重要。对学生，教师有时候甚至没有必要去讲概念、下定义，而应该为其提供丰富的样本，让其沉浸其中，去领悟、去发现、去获取。样本的提供，可以是“打包”的方式。例如，完整地给一篇文章，让学生去读。这是目前比较流行也得到更多提倡的方式。“打包”出现，不破坏样本的原貌，让学生更充分、完整地接触，从而自读自悟。显而易见的是，虽然从海量信息中提取有用的样本，花费的时间较长，但意义很大。这确实是无法割舍的一种方式。

而我更倾向于对样本进行“拆分”。节选出样本中最为典型的片段，通过随文批注的方式，让学生清晰地看到样本中的关键处。例如，哪里用了所说的方法，哪里借助了知识，哪里用了方法产生良好的效果……这就是将知识的转化生动地呈现出来。通过拆分、批注、解读，学生看得一清二楚。因此，在“身边那些有特点的人”这一课

的教学中，我选用了同一单元的课文《剃头大师》中的片段，让学生感受什么叫借助事例来表现人物特点。学生不仅发现了文中人物小沙害怕剃头的特点，也知道了自己应如何通过事例来突出人物特点。

有了充分的样本，学生能够比较容易地感受到这一知识转化为实践的过程，这是迈出了关键的第一步。样本的选择和提供方式，要随文而定，此处就不再详细列举。

二、“猜想”与“反驳”，逻辑要正确

教学中的急躁表现在“一旦我告诉你知识了，就期待你立刻能掌握”。其实，从“是什么”到“怎么用”，中间有一个“尝试错误”的重要历程；如果缺损了，即便结果是“做出来”，也是不牢靠的。这就是“不经历风雨，怎么见彩虹”的道理。然而很多青年教师不但希望“马上种，马上收”，还希望学生都能按部就班地执行，甚至期待效果好到出奇，这真的是应该扭转的幼稚的设计思路。

哲学家卡尔·波普尔认为，科学发现的逻辑并非观察和归纳，而是“猜想和反驳”。他说：“我并不要求科学系统能在肯定的意义上被一劳永逸地挑选出来；我要求它具有这样的逻辑形式——它能在否定的意义上借助经验的方法被挑选出来；经验的科学的系统必须有可能被经验反驳。对待科学的正确态度就是‘从错误中学习’。”①

从错误中学习，是一种获取知识的正确逻辑。从这个角度来看，基于样本，之前和之后，我们都可以有所设计。其一，出现样本之前，应该让学生自由地尝试，按照自己原先的设想，进行更多的实践体验，哪怕是错误也是有价值的，因为学生积累了经验。其二，在样

① 卡尔·波普尔.科学发现的逻辑[M].查汝强，邱仁宗，万木春，译.杭州：中国美术学院出版社，2008.

本出现之后，还应允许学生针对样本进行各种猜想与质疑，甚至是反驳，对样本本身也可以提出批判意见。于是，教师在组织争论、交流的过程中，学生比对着各自的经验，逐渐进入信息融合与转化的学习过程。

有时候我们选择样本，并非必须选择经典。可以选择同伴样本，这更有借鉴性；也可以选择反面的样本，甚至教师通过“下水文”，制造出一个反面的样本，以供批判与反驳。这样做，无非是让学习过程更加充分，让学生从错误到正确的学习经历更加完整。例如，我们可以选择一篇同伴例文，让学生看到“事例选择不当，无法突出人物特点”，给学生一次比对、辨别的过程，让思考更充分地介入学习。

逻辑正确了，事半功倍。学生能借助自己亲身参与的学习经历，不断逼近真相。

三、“实践”与“反馈”，过程要完整

经历了前面两个环节，要让学生最终获取知识并将其转化为自己的认知系统，提高认知水平，绕不过的是实践。反复实践、高频实践，就是不二法门。在实践中，教师可以及时评点、纠正和提供反馈信息。实践如果是“航母”的话，反馈信息就是“护卫舰”，是促进实践有效的保障。这有点类似游戏的设置，当游戏玩家进入游戏时，能不断从屏幕中获得各种反馈：人还有几个，弹药还有多少，生命值是高还是低，还剩多少任务未完成……有了反馈信息，游戏玩家就有了继续前进的动力。

实践与反馈的完美结合，还能促成这样的良性循环：教什么就练什么，练什么就学什么，学什么就评什么，评什么就改什么，改什么就提升什么。实践与反馈，就是确保学生获得知识的有效路径。

依然以习作指导课为例。我主张课堂练写片段，不求写全篇。这就是一种实践与反馈结合后的学习样式。全篇写作，占据了大量的课堂学习时间，实际上属于一种浪费。学生不会写，并非全篇都不会，而仅仅是“局部阻塞”，只要重点突围即可。重点就在重要片段中。这里有本次学习的难点、要点，也是学生认知生长的陌生区域，需要当堂完成，练习需要教师的关注与反馈。所以，当堂练习写片段，学生一边写，教师一边指导。教师教一个知识点，学生立刻学一个知识点，之后练习一个知识点，转化一个知识点。转化的过程，借助样本，借助练习，借助教师的反馈信息，借助同伴的互动交流。“短”“频”“快”式的片段写作，成为让学生获取知识的最见效的教学样态。

记住以上这三个建议，可以让教学更加有效。教知识，更要注重知识的转化。我们相信学生能够实现阶段性的发展。

第二板块

课堂执行的细节

别以为“联系上下文”是学习方法

青年教师常在课堂上让学生“联系生活”“联系上下文”去理解词语。这两个成了出镜率最高的学习方法，每节课都会出现。教科书中也比较青睐这样的方法。例如，在统编语文教科书四年级上册的《夜间飞行的秘密》一课中，为了让学生学习如何提问，编者在一处随文批注中提出问题：飞机的夜间飞行和蝙蝠有什么关系呢？青年教师往往要求学生联系上下文去理解。课文后面也留了这样一道思考题：超声波在生活中还有什么用途呢？

还别说，这两个方法真管用。凡是用这两个方法，学生都能配合，“联系”起来得心应手，聊起来侃侃而谈。

而本文中，我提出的观点是，这两个不是方法，至少不是好的学习方法。

先把争论放一放，看一本书——史作柽的《聆听原始的毕加索》。这本书中，哲学家史作柽针对毕加索的画作《亚威农的少女》，探索立体主义画派诞生的方法。那么多的艺术家都从非洲的木雕中得到了启发，《亚威农的少女》也明显受非州面具与伊比利亚雕塑的影响。可为什么毕加索能够借助此画开创立体主义画派？本书用十余万字进行哲学思考与理性论证，最终得出结论：毕加索实际上是没有方法的，他靠的就是感觉。

感觉，真的很可贵，足以创造奇迹。但如果将感觉列为方法，你也不会轻易接受。可是，你居然接受了和感觉相似的、近似于条件反射的“联系上下文”“联系生活”。

再说个例子。孙双金老师于 2001 年执教了《我的战友邱少云》一文。其间有一个叫黄菲菲的小孩提出一个问题：“既然当时只有作者看到了邱少云被火烧，为什么发起冲锋时，漫山遍野都响起了为邱少云报仇的呐喊声？这些战友是怎么知道的呢？”这个问题，当时就难倒了孙老师。2016 年，孙老师再次见到已经当了老师的黄菲菲，询问她：“这么好的问题，你当时是如何提出来的？”得到的回答居然是：“啊，这是我提出的问题吗？我忘了。可能，当时就是一种感觉吧。”

看，依然是靠感觉。感觉，就是支撑结果的幕后力量。

所谓感觉，可能就是毕加索第一眼看到木雕时，脑子里就出现的直觉印象，就是黄菲菲读到课文时一下子生发出来的念想。你真要纠缠“是否联系了上下文？”“是否联系了生活？”也说得过去，但仔细想想：那么多的“联系生活”“联系上下文”，说到底，真的只是一种直觉，是一种脱口而出的断言；其过程，真正欠缺的是方法。

再想一想：我们自己处事时，都是左右联系吗？其实，做出决定都在一瞬间，而判断也只要须臾，总是“方法来找我”，而不是“我去用方法”。中国人将这种状态称为“道”，“形而上者谓之道，形而下者谓之器”，君子不器。

这样说来，青年教师很绝望——难道就没有管用的方法？

当然有，关键是我们对方法有太过简单的思维，对方法有太类似于索要干货的冲动。这些都造成我们获得的方法，如同干货一样，就是一种晒干后没有水分、流失养分、只剩空虚搭建的骨架，是一种很容易用来呐喊的概念化标签。

我听过一位老师在执教古文《杨氏之子》时，提炼了两个方法：一是借助注释学习古文；二是借助插图学习古文。老师要孩子运用这两种方法，自觉迁移学习新的古文。实际上，这两个都不是方法。所谓借助，应该是一种指令，如同“联系”，都是对学生的学习活动发出的一种指令，而不是方法。学生能够在课堂上联系生活、联系上下文理解，能够借助插图、借助注释来学习，都不是因为使用了方法，而是源自一种几近于本能的、经历重复形成的、浅层的能力。到此，还剩一个问题：为什么这样了，学习还有效果吗？因为学习的任务太简单。

问题来了：什么才是方法呢？

方法，应该是可拆分、可执行的，是一个又一个有序的步骤建构。

还以统编教科书四年级上册提问策略单元教学为例：如何让学生提出优质的问题呢？有没有可行的方法，能让学生在经历学习步骤之后，几乎人人能达到“提出优质问题”的效果呢？结合大家关心的步骤，我归纳如下——

第一步，细读课文，关注内容。你要想提问，必须好好读课文。文中写的是什么，是由哪些语言文字构成的？这都仰仗于细致阅读才能回答。因此，提问不是靠“硬想”，而是靠阅读做“先锋”。读了，就有感觉了。《夜间飞行的秘密》究竟写的是什么？文字风格如何？读了就知道。

第二步，驻停思考，关注焦点。驻扎在文中那些能够拖拽住你的地方。例如：那些让你有点惊诧、有点意外、有点搞不懂的地方。往往这些地方，就是文章写作的焦点，就是值得高度关注的地方，理应多读几遍。集中读，让感觉不断积累。例如解释蝙蝠如何靠超声波辨别障碍物的段落，就是焦点。蝙蝠的这一“特异功能”是要通过一句一句清楚地叙述，才能让读者理解其中的操作流程的。弄懂这个焦点，不需要问的，就不要问；值得问的，就凸显出来了。

第三步，持续搜索，延展捕捉。焦点之所以是焦点，就意味着不是一次性呈现。在一个地方比较集中地出现后，往往会在后文中再出现。因此，可以根据自己思考的焦点，持续关注，看看这个“点”后来发展成什么线索，扩展成什么状态，出现什么变化，突出哪些矛盾。注意，做到这一步的时候，问题几乎就浮现出来了。也就是说，有问题在你的脑海里徘徊，来找你了。例如：雷达的工作原理与蝙蝠的超声波相似之处在哪里？飞机是怎样运用超声波的呢？这些都是前文焦点的后续线索。

第四步，前后对比，提出问题。前后对比，发现这个“点”的变化，这个“点”发展出来的脉络、延展开来的面，或者看到前后演变过程中发生的变化。在这个过程中，找准自己的感觉，抛出属于自己的问题。例如：蝙蝠如何分辨障碍物和食物？雷达只靠这个够吗？科学家为什么不多做实验、多选择一些动物呢？

瞧，按步骤、用方法，提出的问题自然与众不同。之前如同口头禅一般念叨的“联系上下文”“联系生活”，是不是最多只能算是标签式的“方法”。

好吧，我们都要认识到，这些步骤、方法用多了，用熟了，到了最后，也许就是一念之间的自然反应。做出反应之后，硬要你说出刚才你用的是什么方法，也许最佳答案还会回到“联系上下文”“联系生活”。因为，标签、口号的作用就是在这个时候发挥得淋漓尽致的。

整本书阅读教学，不要想太“多”

很多青年教师希望执教整本书阅读课，这很好，但也有点难。难就难在这是新事物，虽然已有很多人实践，而且有很多名家示范课可以参考，但相对于传统的课堂教学而言，仍然是全新的挑战。

首先，“新”在成就感。整本书阅读教学突破了原有的单篇幅课文教学，一改过往几句话反复“折磨”、折腾半天的耗时低效状态，一节课指导读一本书，让教师成就感很足。其次，“新”在有实效。过去我们就把上学称为“读书”。如今我们指导学生读整本书，就是让语文“回家”，就是倡导回归真正的阅读。会读书，多读书，一切都会好起来的。最后，“新”在教科书的面貌上。如此多的青年教师迫切要求执教此类课，根本原因是教科书中出现了类似的板块，如“和大人一起读”“快乐读书吧”，又如课文中、课标中的书目推荐，这些都导致整本书阅读课的火爆。

但是，为什么这类课很少有上得好的呢？为什么上起来感觉难呢？

观察已有的课例，我大致发现三个问题造成教学困难，归结起来就一个字——“多”。教师想多了，要多了，做得多了，自然就给自己找麻烦了。

关于“多”的第一个问题出现在课前准备时期：动静闹得很大，造成南辕北辙的结局。很多教师让学生在课前做好各项准备，围绕着书做摘抄、做批注、做导图、画图谱……做的比读的还多，在各种因读而生的“娱乐”活动中“娱乐至死”。

关于“多”的第二个问题出现在课堂上：信息量太大，造成囫囵吞枣的尴尬。我们想一想就能明白，一本书的信息那么多，课堂中什么都呈现，学生自然吃不下，无法消化。四十分钟，学生即便什么都不想，仅接收信息，也是有限的。而很多教师希望把一本书中林林总总的好处都拿出来让学生感受，真的是“贪多嚼不烂”的做法。而且，每次导读总不断重复几样，学生自然吃不香，没胃口。太多的教师一上课就让学生看封面、看目录、看作者、看名人推荐……每次都这么上，上两次学生就烦了。

关于“多”的第三个问题出现在课后：教师布置的任务很复杂，但大多属于虚晃一枪，不了了之。且不论课堂上教的阅读方法有没有用，临下课时教师往往会布置阅读任务，提出阅读要求。但谁也没有去评估课堂上的方法到底能不能用、管不管用，没人在乎书到底有没有读、还要不要读。这种整本书阅读课，不顾后果地上一次，学生就知道你有多假，自然就不会有真正投入的下一次。课后，阅读也被抛在脑后。

其实，要上好整本书阅读课，就要处理好一对矛盾：教学和阅读的矛盾。教学，要在四十分钟之内完成，时间是既定的；阅读，需要指向整本书，内容是“庞大”的。这对矛盾如何协调呢？我主张按课型分类，区别对待。

整本书阅读作为一种课，首先要区分课型。课型不同，执教方式也不同。这种课大致可以分为三类。第一类，导读课。书还没读，就可以上“整本书阅读指导课”。上课是为了激发阅读整本书的欲望，让学生在还没读的时候就想读。第二类，赏读课。在学生正在读、读得差不多的时候，就可以上“整本书赏读课”。教师可以节选书中片段，与学生一起欣赏和解读，一起感受阅读的乐趣。第三类，议读课。书已经读完了，就可以上“整本书议读课”了。于是，师生可以一起分享、议论、畅谈、辩论。

三类课型，区别对待，整本书阅读教学就有明显的路径与特征，教师可以教得轻松。

导读课，就是要让学生知道这本书哪里好，“我们准备去看看”。因此，导读课上以讲授为主，具体给出一些指导。教师可以让学生知道此书的大致内容、基本框架、过往评价、历史价值、经典地位……总之，只要能让学生产生“想读”的愿望就好。

赏读课，就是要让学生知道这本书哪里好，“我们如何去欣赏”。经典既然是经典，就有值得欣赏的地方。于是，教师可以示范欣赏，可以组织样本研究，可以评议分享。例如，教师可以拿出一段，和学生一起看看；还可以展示自己的欣赏结果，并在展示过程中适当总结欣赏方法。这些示范都是为学生之后的自主赏读提供借鉴。

议读课，就是要让学生来说这本书哪里好，“我们都来说说看”。很明显，此类课的教学模式就像开放的茶馆、沙龙、论坛，允许大家各说各话，互相补充，相互指正，也可以进行反驳批判。大家都是读过书的，都有话语权。教师既是辩论会的主持人，也是话题讨论的参与者。

整本书阅读，原本不是“课”，不需要“教”，学生静静读，读完就好。如今是“课”，要“教”，就要充分发挥“教”的作用，上出“课”的味道。整本书阅读的意义就在于启发，就在于激活。执教中不要贪多求全，可以瞄准三个关键词，带学生踏上阅读之路。第一个是“欢喜”，学生感受到阅读的乐趣，有欢喜心，课后自然就会去读。第二个是“惊奇”，学生感到意外，想知道更多，课后自然就产生探索的动力。第三个是“疑惑”，学生感觉困惑，暂时无解，在好奇心的驱使下，阅读就是发现之旅，就是探索和寻找答案的历险。

整本书阅读课，不要想太多、要太多、做得太复杂、太有“教”的架子。毕竟，读书是美好的。

预防整本书阅读过热的四个建议

不少青年教师对整本书阅读兴趣浓厚，进行持续、深度的研究，开发出了各种各样的课型。同时，在各种公开展示活动中，整本书阅读课的“出镜率”也非常高。在我所了解的一线教学常态中，整本书阅读课成了教学的“新宠”，这无疑是好事。因为，整本书阅读确实是教学生学语文、学做人，提升学生语文核心素养的正确途径。

但一件事情被高度关注后，往往会用力过度，整本书阅读也逃不出这一定律。教师在执教整本书阅读课上往往花样太多，例如，列图表、画导图、填空格、做分析、解构造、赏片段……“非读”的行为反而占据了整本书阅读课堂的大部分时间。别忘了，在教材教学中，我们已经对“精读”予以较充分的关注，精致化阅读的做法为什么还要直接嫁接到整本书阅读课中？这样做的效果如何？我看不见得好。学生没有读过书，也能上整本书阅读课，因为只要能聊、能侃、能跟着附和、能“随大流”就行。学生在课后并没有按照提示理想化地去阅读，课堂归课堂，课后是课后……这并非我们的初衷。

整本书阅读极其值得关注，问题在于如何权衡、怎样取舍。下面是我针对预防整本书阅读过热提出的四个建议。

一、让“静读课”成为基本课型

整本书阅读课上，最重要的是“读整本书”。显然，这是需要时间保证的。一节课四十分钟，如果用来聊天、讲解、绘制各种图表，占去大部分时间，那还读什么？因此，最基本的课型就是静静地阅读，什么都不说，就读书。其实，很多时候成年人的推荐与指导，操作不当就是干扰。而静读可以最大限度地在教学场域还原阅读的“原生态”。但确实还有三个问题需要厘清：其一，读什么？学生可以自选书目，自由阅读，也可以由教师指定书目或章节。其二，教师何为？最好是师生同步阅读，和学生一起读同一本书，或是自行另读一本书。其三，读多久？确保完整的一节课用来阅读，这无异于确保这一天最基本的阅读时间。

二、让“话题周”促进习惯养成

阅读整本书，吸收之后要有倾吐，这样才能维持平衡。因此我建议设定“话题周”，也可以叫“议题周”。这里强调的是“周”的概念，用“周”提示青年教师，不要只记着收割、切换、推荐新书；请保持较长时间内关注同一个话题，让阅读深入下去，使学生吸收得更充分。

话题，可以是一个作者、一部作品、一个阅读现象，或是一个读后的创意……确定一个话题之后，上课时，有空聊起；课间了，随意谈起；遇到教学事件了，积极关联，长时间关注。这样更有利于将阅读推向深入。

一个和阅读有关的话题，能够产生组织交流的效果；全班共同关注一个话题，可以形成良好的阅读氛围；长期关注话题，有利于培育阅读的意识。一旦形成意识，养成习惯，即便不再经过教师推荐，不再经历课堂教学，学生依然会继续阅读。阅读就会成为一件很自然的事情。

三、让“里程表”成为最通用的展示

开车离不开里程表。各种“会员制”中的积分，都是一种变相的“里程表”。教师制作表格，表格中罗列每个学生的名字，设计好周次，将书名、阅读数量的格子空出来，张贴在教室的公共处，对学生的阅读量进行展示。这是一种简单、操作性强的可视化呈现方式，可以推广为最通用的展示方式。

全班学生都在这个表上列出自己读的书、阅读的数量，实现同伴共知共享。这样的“里程表”类似于营造“读万卷书，行万里路”的美好氛围；此外，还有很突出的三个效果：一是促进多读，表格本身就激发学生不断阅读、不断积累；二是资源共享，大家都列在一张表上，读什么，读了多少，互相都知道，共同展示，适当的时候还能交换阅读；三是鼓励促进，这个作用是不言而喻的。

四、让“任务云”成为最有效的推动

“任务云”，就是设定一个不那么容易完成的、相对较大型的学习项目。在这个项目完成的过程中，学生一定要阅读。这样用项目驱动阅读，学生就会读得很扎实。例如，可以让学生关注“小学生应具备的科学常识有哪些”“垃圾分类的好处是什么”等。

给学生一个任务，让其为了完成这一任务而阅读、查询资料、汇总信息、书写表达，任务完成必须依赖阅读，仰仗阅读。在这个过程中，阅读就变得系统、精深了。阅读的另外一种功能——任务完成的辅助功能也凸显出来。因特殊需要而进行专题阅读，必须成为整本书阅读不可或缺的组成元素。专题阅读、研究性阅读，也在“任务云”的搭载下成为全新的阅读形态。

总之，整本书阅读最重要的就是营造氛围、培育意识、养成习惯，让学生通过整本书阅读的经历，真切产生阅读感受与体验，成为一个名副其实的读者。青年教师既要预防过度用力，也不能不管不顾，以上四个建议可供参考。

警惕教学中这一设计的落空

标题中“这一设计”指的是一课的最后，教师抛出的“阅读推荐”。很多教师一般都是温和地交代：“课后，你们还可以读一读这本书。”“课后，你们还可以读一读这一系列的书。”“课后，你们还可以读一读这个作者的其他书。”……

其实，课后，学生基本不读书。

起初我不相信，因为我自己的课也大多有这样的设计。老友李祖文看了我的设计后，直接说：“这个设计基本是空话，没有多少学生会去读。”《福州晚报》教育专栏著名记者安梓也在微信中跟我说：“没有老师的明确要求，学生不会去读。”

这些仍无法让我相信，最终击败我的是数据——数据骗不了人。我的“小莲藕学写作系列”被很多教师在低学段写话课上做了课后阅读推荐，可是网店的数据流量并没有出现想象中的“井喷”。可见，“课后去读读这本书吧”的期待基本落空。再看看我的儿子，他在课后看什么书，基本和老师的推荐无关，更没有因为“老师课上推荐了”而匆匆地要求我们去购买某一本书。

即便如此，这一设计依然是大家特别喜欢的，而且出现率非常高。设计本身没有错，这里有四个不容忽视的原因。**其一，书本有关联。**教师在这一环节推荐的书和教学有关联。例如，执教亲情故事，就推荐亲情为主题的书籍；执教和死亡有关的童话，就推荐死亡系列主题的图书……教什么就推荐什么，合情合理。**其二，课堂有延伸。**

上课是读书，课后还是读书，课内、课外因读书而关联。**其三，理念有更新**。新课程、新教材、新时代都要求学生海量阅读。不会阅读，几乎被认定将无法应对未来。**其四，发展有依据**。无数专家、名师大声疾呼：学语文就要通过“读”和“写”两条路。周国平教授说得更彻底：如果他教语文，就抓“读”和“写”两件事。于是，课上读了，课外再读，学生的发展计划指日可待。

这一设计应是新课程改革时代最华美、最理想的设计，但现实中却是最空虚、最不着调的设计，仅仅沦为“课堂教学的弹性环节”：如果时间不够，就不说；如果时间富余，就说到下课铃声响。为什么“现实”和“理想”的差距会这么大？作为青年教师，我们要清醒地看到三个差异。

第一个差异：学生就是学生，课后做什么，凭兴趣。教师不要太自恋，哪怕你的课堂再有魅力，也抵挡不住课后自由玩耍的诱惑。学生课后玩什么，全凭兴趣，喜欢玩的，即便有“违规”嫌疑，即使有人督促学习，他也一定要玩。心理学上称之为“动机”。当“目的”和“动机”相匹配时，做事愉快、有效率、收效好；当“动机”和“目的”不匹配的时候，不管你怎么要求，都很难达到预期效果。所以，对于读书没有感觉的学生而言，让他课后读书，就是一纸空谈。

第二个差异：课堂就是课堂，课后会怎样，凭习惯。如果学生没有养成读书习惯，那么课后让其在自觉状态下继续阅读，就是一厢情愿。学生课后做什么，“习惯”说了算；成年人在每天可自由安排的时间里做什么，也是由着自己的习惯来的。例如，我儿子习惯阅读科普书籍，我习惯阅读教育类书籍；有人习惯阅读诗歌，有人习惯看漫画……老师推荐的书籍和学生的阅读习惯相匹配时，阅读就顺利进行，反之就难以推行。再次强调：不要以为课堂教学的力量有多深远，实际上学生回到家还受各种各样的事情牵绊。教学的效果，不是你想象的那样。

第三个差异：教学就是教学，课后会不会继续学，靠以下三点。做到以下三点，“阅读推荐”这一设计可能会得到落实。

其一，要求要明确，是要求就好好说，不要委婉到含糊。

既然希望学生课后阅读，既然阅读是要求，不妨就清清楚楚、明明白白地提出来。说要求时就用“要”字来开场，不要说“建议”“可以试一试”等模棱两可的话。如今的老师，连向学生布置作业都有点战战兢兢、如履薄冰。布置阅读任务要理直气壮，不要一味讨好。既希望学生能够阅读，又讲得不瘟不火、不明不白，这才是真正的悲哀。学生很敏感，要不要做都在试探。几次“交锋”之后，学生发现，如果不做也没什么问题嘛，于是就彻底不做了。

其二，效果要反馈，是任务就好好查，不要“开弓没有回头箭”。

只布置任务而不检查、不反馈，就会导致任务落空。读书这类任务相对宽泛，不像“完成练习册”“抄写词语”一样，能够有据可查。因此，应该设计一些检查措施，确保任务落实。例如，做读书笔记、组织同伴共读一本书、形成一张读书小报、纸笔测试中有所涉及……总之，任务的落实靠检查的反馈，这是教学常识。

其三，精力要集中，有价值就值得坚持，不要“朝令夕改”。

不少一线教师的心不静，看到别人做什么就跟风，今天主张阅读，明天强调写作，后天搞个诗歌创作，然后再来个绘本读写……做的事情不一样，走马灯式地变花样，学生也不知道什么是重点，也不懂要做什么。教师如果认定阅读是重点，就要让学生好好读，读下去。阅读的价值是需要假以时日才能体现的。从另一个角度讲，学生喜欢写作也可以，但写得多了总会遇到“不会写”的情况，此时在

“动机”的驱使下，也能因写而读。所以，做什么不要紧，只要是正确的，就坚持不懈地执行。其实，学生需要从教师身上看到力量，才能养成自身的习惯。所谓言传身教，也就在于此。相反，你轻描淡写地说一句“读书吧”，学生能读才怪。

教学中的这一设计非常重要，不能让它落空。阅读，可以种植在每个教师和学生的心里。

请让你的课堂“合法”

我们有没有想过一个问题——课堂上，我们所教的知识是否“合法”？

如果你认为这是危言耸听，先来问自己几个看上去不需要思考就能回答的问题吧！第一，在学生读书或者写作的时候，要不要播放背景音乐？第二，教科书中配了插图，到底要不要让学生去读、去关注？第三，让学生带着问题自己去找答案，合理吗？

不必再列举下去了，因为光看这三个问题，你已云里雾里。你会反问我：这些问题有意义吗？有回答或者思考的价值吗？例如，背景音乐要不要放，全凭教师的感觉——感觉要放，就放，不用纠结；喜欢什么音乐，就放什么音乐。又如，对于课文中那些含义深刻的句子，就“以学生为中心”，让学生自己去发现，这是当下最时髦的答案。很多时候，我们的教学都是这样“凭喜好”“凭经验”“凭感觉”。

请注意，这“三凭”可是“要老命”的。

先说“凭喜好”。教师个人的喜好，其实是一种教学倾向。倾向，就是学生在课堂上可能的发展方向。喜好，能把学生往一种很单一的路上推。你以为你喜好的就是好，就是学生的未来，就是所谓的语文，但恰恰你关闭了学生通往语文的好多条可能的路。再说“凭经验”。你觉得你的教学很有一套，经验丰富，那是因为你不知道有个概念叫“经验盲区”。经验，也许是最不靠谱的，是一种深陷其中无法自拔的可笑。陷入经验盲区的人总是认为自己是多么的无辜与委屈。而实际上，正是认知错误，让学生承受着委屈。最后说“凭感觉”。好多教师喜欢说“我觉得是这样”“我个人以为”……既然是个人的，那就是未经考证的。未经证实的知识居然就贸然传递给学生，且是通过正儿八经的课堂教学，这会对学生产生根深蒂固的影响。

仔细想想，是不是有点不可思议？

你一定会感到意外：我为什么会有这些古怪的想法呢？

2018 年 5 月，我在上海执教了三年级习作“说说我自己”，特别邀请华东师范大学黄志军博士到现场听课并指导。课后，黄博士传来了这样一段评课意见——

何捷兄，您的课一如既往地好，充满了儿童趣味，融入儿童而又能引领儿童，创造作文教学的快乐境界。整堂课幽默不断，您真正做到了于永正老师所说的“不太像老师的老师”。超越您的课本身，回到您的儿童观、写作观，这在当代的小学语文教学界来说都极为难得。

“让儿童像个儿童，让儿童做回儿童”，这是您的作文教学课给我的最大感受，也是当下很多语文课（包括作文课）最需要的教育哲学！具体从以下三个方面来讲：

（1）从课的整体设计来看，先是让学生借助“秘密”“特色”这些贴近儿童的触发点引入，在学生的朗读分享中相机给予指导。其中充满了对儿童写作习惯、态度的始终关注（这也是写作核心素养的重要组成部分）。此环节更侧重书写日常生活中的真实。在引导学生欣赏完绘本之后，引发学生写脑海中的“心像”，侧重对心理活动的揣摩。最后环节出示的苏格拉底名言则从另一个视角开拓了学生的思维，这也是课堂的巧妙留白。

（2）从写作教学知识开发的角度来审视，第一次写作出示了“是什么、为什么、怎么样”这样的文本框架；第二次则出示了“A，B

or C？”这样的心理独白框架，巧妙地给学生搭起了写作的“支架”，也提供了写作知识。若是时间再长一些，学生能够有更多时间来练习，那么这些知识便能够更好地被学生掌握。

（3）从整个中国小学作文教学的研究现状来看，目前最为匮乏的就是写作课程知识、教学知识的更新和完善。您的很多课例是原创性的。这让我思考一个更为宏大的课题：首先，这些知识本身是否构成了一个体系？这些知识是否经得起多学科的推敲？这都需要静下心来全方面地考察和剖析，也更需要在严谨论证的基础上推广。其次，儿童如何看待写作，儿童拥有怎样的写作知识，目前这方面的研究还极为匮乏，仍然有大量的工作要做。专家教师开发的写作课程（教学）知识和儿童已有的写作课程知识之间存在着何种错位或者不一致，类似的研究目前也还没看到。您在写作课程知识和教学知识开发方面的用力之深，让我深深敬佩！

未来可以做的是从更高的层面来审视这些知识的合理性、合宜性。高校的语文教育理论研究者还有极大量的工作没有完成，这在很大程度上削弱了课程标准本身的指导性、教材本身的“易于学习性”，甚至是高校语文教育学科教学相关课程的知识更新。期待有机会能再次向何捷兄学习，也希望自己能更加勤奋。

黄博士是我的老朋友，评价中带着谦逊的君子之风。评价的后半段“建议”，引发我深深地反思：确实，我很少思考过“我这么做是否合理”。我从来认为“我可以这么教”，认定“这么教学生应该会”。我没有考虑“传授的知识是否系统，是否符合学生需求，是否与他们已有的认知匹配，是否能推动他们往最近发展区前进”，因而始终欠缺一种反思：课堂上，“我要这么教”与“怎样教才好”的关系，被忽略了。

直到我阅读了《全球教育展望》2018 年 3 月刊，在一篇学术文献中发现一个核心概念——“非法知识”。一下子，我的反思找到了延展的方向。课堂上，我们人为地填充了好多“非法知识”。这里的“法”，可以看成规律。一切符合儿童认知规律的知识是“合法知识”，反之则是“非法知识”。“法”还是系统，知识是系统的，或者是系统知识链条上的一环，适合于本节课教学的知识是“合法知识”；反之，不在课程系统知识链上，又不适合本课教学，与前后无关联的知识属于“非法知识”。“法”还是科学，知识本身应该是科学的，应该正确而不应该过于个性、过于偏执。那么多科学的、正确的知识，未必都要在一节课中教给学生。本节课教什么，需要根据学情做出判断与选择。

这样想来，“我们的课堂‘合法’吗？”这个问题是否问得你毛骨悚然？

当然，大部分人依然是心安理得的。因为他们沉溺于“凭喜好”“凭经验”“凭感觉”。

开头我们提出的三个问题，实际上都可以在理论界找到依据。

要不要播放音乐？美国哥伦比亚大学的罗斯彻博士与加利福尼亚大学的肖博士的心理实验证明，与聆听通俗音乐或无任何音乐刺激相比，聆听莫扎特《D 大调双钢琴奏鸣曲》的学生的测验成绩比其他组明显高出 8～9 个百分点，而且这种效果持续了 10～15 分钟，这就是音乐心理学乃至音乐教育中著名的“莫扎特效应”。认知神经科学研究表明，诸如莫扎特《D 大调双钢琴奏鸣曲》这类正性音乐能激活更多的脑区，从而激发这些脑区的潜在功能，并促进认知水平的提高。其他研究也显示，接受音乐训练的儿童会提高语言感知能力，会表现出更好的语言记忆。看来，需要大量语言记忆的阅读学习应该合理调动音乐的元素。但是，一项眼动研究却表明，听音乐对当前（即时）阅读学习的帮助非常有限。与无音乐条件相比，音乐条件下的认知加工成绩下降了。当音乐刺激与认知任务都需要心理资源时，就会出现心理资源的相对不足，加大认知负荷，进而影响到阅读任务的完成质量。这项研究对阅读教学的启示在于，适当提供背景音乐能促进后续的有效阅读，适当提供背景音乐有助于学生的入境式朗读。但是，当学生已经投入阅读活动中，且需要进行深入思考时，最好不要播放背景音乐。

要不要关注课文插图？沈德立等人根据眼动指标，对初中学生阅读有无插图的说明文进行了研究，结果发现：插图对课文的阅读理解整合具有明显的促进作用。就插图而言，示意图课文与实景图课文相比，哪个效果更好呢？陶云等人又做了专门的研究，结果表明，不同年级学生阅读示意图课文的阅读理解指标要优于实景图课文，这主要是由阅读课文的注视次数、回视次数等眼动指标差异引起的。其中，注视次数所起的作用最大。字词只是单一编码，图片具有双重编码，其视觉特征区分度较大，有助于文本理解和加工。示意图更符合学生的阅读理解心理。[①]

最时髦的是带着问题自己去找答案？持这种观点的人说得很潇洒，但显而易见的是教学没有效率，抓不到根本。他们认为：有时候，需要按照进度往前推进，因为我们不是自由学习，而是课程化教学，要让学生慢慢去发现。他们教了半天还不知道目标是什么，大费周章就是为了烘托出浓浓的民主氛围。必须指出：课堂教学的目标没有抵达，再民主、再和谐，都是假民主、假和谐。这是有理论依据的。有学者曾做过实验并得出结论：学生在完成阅读理解任务时，采

① 沈德立，陶云．初中生有无插图课文的眼动过程研究［J］．心理科学，2001（4）：385-388.

取了不同的扫描模式，具体可以分为两大类：一类是循环扫描模式，即先看文章，然后再看问题；另一类是逆序扫描模式，即先看问题，再看文章，也就是带着问题有针对性地去阅读文章[①]。扫描模式的选择取决于工作记忆的容量。学生的工作记忆容量是有限的，而且存在年龄差异。在一定范围内，年龄越小，工作记忆容量越小；年龄越大，工作记忆容量越大。从实验结果看，小学生的工作记忆容量有限，他们不能有效地带着问题去阅读文章，他们更适合采用循环扫描模式。

你的课堂"合法"吗？现在看起来，这个问题是否让你心惊胆战？"我要这么教"与"应该怎样教"是不同的。然而，作为一线教师，我们没有时间去一一查证所教知识的理论背景，那应该怎么做呢？我认为，至少有三个方面可以依靠。

第一，依靠课程标准。课程标准是国家制定的标准，我们应该信任。按照课程标准界定的阶段目标，先做好落实，做好建设，然后在实践中进行反思、批判。特别是一线教师，可以带着审视和思辨的思维去执教，不断修正教学行为。但这一切必须建立在给予学生基本的、保底的知识系统基础上，否则一切都成了空谈。

第二，依靠前人的研究结果。例如，作文教学的序列问题，可以参考上海师范大学吴立岗教授的"儿童写作序列"观。因为这是吴教授及其团队建立在心理学实验的基础上，结合对外国文献资料的整理、基地校的实践，几乎耗尽毕生精力形成的，值得信任。再如阅读教学，中国海洋大学的朱自强教授提出了"儿童阅读分级"的理论构架，是科学、严密、合理、适用的，我们应虚心学习。

第三，依靠教科书的教学逻辑。统编语文教科书按照语文要素进

① YUILL N，OAKHILL J. Children's problems in text comprehension：an experimental investigation［M］. Cambridge：Cambridge University Press，1991.

行编纂，有着非常科学、严密的逻辑，是一线教学最好的依赖。把课文教清楚，是一线教师的必备基本功；在此基础上有所拓展，玩出你自己的花样。

有时候，你喜爱的教学“花样”确实会让你着迷，炫目的做法瞬间突破了一贯沉闷的教学模式，而且他们用“真人秀”的形式给你提供鲜活生动的案例。请在放弃实施“合法”教学之前问一问自己：你喜爱的是那个人还是他的教学……

为什么热情换来学生的冷漠

听一位青年教师执教《动物王国开大会》，我有了一些有趣的思考。

这是统编语文教科书一年级下册的一节阅读课。该青年教师的设计确实不错，有表情朗读，有情景表演，有模拟对话……从设计本身看，因为有师父的指导，几乎无可挑剔。而且这位教师相貌好，年纪轻，热情度高，教学过程中情绪饱满。按理说，教学效果应该不错。

但特别诡异的是，学生却很冷漠。

学生在课堂上读书没劲，语言低沉、平淡，反应缓慢，参与的积极性明显不高，大多数时候处于被动接受状态。于是，一个问题自然浮现——为什么教师的热情换来的是学生的冷漠？

课后，我和一同听课的老师们评课反思，大致总结出三个原因。

第一，不懂学生，必将遭遇冷漠对待。

卢梭说："从认识你的学生开始，因为你对他们一无所知。"

对学生一无所知的，不仅是青年教师，很多老教师也缺乏对学生的了解与认识。据了解，大多数教师对学生的认识停留在学校里、课本中、概念化的知识上，什么"儿童心理学""教育学""教育心理学"等，都是条款化的固态描述。现实中，儿童的个性千差万别，发展参差不齐，心理变化多端。因此，认识儿童成了教学发展的"攻关项目"。

有意思的是，青年教师大多未婚，没有生养过小孩，如今要"认识儿童”，自然难上加难。青年教师和儿童之间，隔了厚厚的一层“屏障”。对儿童认知的缺乏，自然带来儿童对教师的“拒收”，反应冷漠就是心里“拒收”时的外在反应。说实话，这需要时间来弥补，除了不断学习，当然能做一回父母最好。

我国课程改革中，大多是针对课堂教学的改革、针对课堂形式的改革、针对课程设计的改革，很少返璞归真，针对重新认识儿童进行改革。所以，这一点一直没有得到重视，于是问题就明显地体现出来。

第二，执教“走过场”，必将带来冷场。

设计是一回事，执教是另一回事。

我们花了太多的力气在设计上，往往忽视了青年教师具体执行与操作能力的培养，而恰恰这一块是他们的“短板”。过去，师父带徒弟，只有一种方法——“手把手”。如今，师父带徒弟，有多种方法，唯独缺了“手把手”这一种方法。我们很少像过去一样亲自示范如何提问，如何板书，如何应对学生发言，如何给予正确评价，如何表扬，如何批评。同样一个设计，让老教师来执行，风生水起；让青年教师来操作，平淡无味。倘若青年教师对教材不熟悉，还高度紧张，讲课如同背书，那执教就是“走过场”，学生自然也无法介入。

第三，平时不练功，必将劳而无功。

学生在课堂上的“三不清”——读不清楚、说不清楚、想不清楚，并非“这一次”的问题。“这一次”暴露出的是“这一段”的问题。也就是说，日常缺乏对学生听、说、读、写等能力的训练，才导致真正要发挥能力、解决问题时的瓶颈与障碍。

公开课上的表现都是平时上课的反映。当然，我并非说青年教师平时上课应付，只是估计部分青年教师训练不得法，吃力不讨好。

找到问题，解决方案也顺应而生。

1. 最简单的方案：加强日常训练

听、说、读、写，天天练。所谓拳不离手，曲不离口，练习不仅是为了提升能力，更是为了养成习惯。学习是要积累的，这点不言而喻。

2. 最有力的保障：教到位

教到位就是最有力的保障。“到位”就是要教到一定的程度，要教出效果。青年教师要学会如何执教，要懂得怎样操作。我们对青年教师实施培训，不要鼓吹“去教学化”，不要一味依托“自主探究”。学会如何教，才能知道如何引导学。如今不少青年教师以为只要把学生组织起来，去发现、去探索，就是教学了。基本的文本解读、执行操作都不具备，何谈效果?

针对教到位，青年教师应着力做好三件事：

（1）示范要到位。教师的示范非常必要。青年教师应该“要示范、敢示范、会示范”。特别是语文学习，读、写、表达都要示范。于永正老师说：“语文教学的最大秘密就是朗读，朗读教学的最佳方式就是范读。”只有教师示范了，学生才知道未来要学成什么样，这样才有参与的积极性。

（2）榜样要树立。要让学生看到好的样子，要让学生感到“身边的伙伴成好汉”，光是教师示范还不够，还要树立典型，让学生有样学样。伙伴成为典型，不会让学生觉得高不可攀，不会让学生觉得失望，反而会让他们树立信心——我可以达到，可以赶上。于是，学习就成了你追我赶的互相促进。

（3）要点须教透。学习中有难点、重点、关键点，都要反复多次，教到透彻。不要一厢情愿地以为学生“一教就会，一说就懂”。

实际上，很多时候我们要多讲几遍他们才略懂一点。特别是难点、重点，原本就需要反复打磨，多次重复，学生才有可能掌握牢固。例如，《动物王国开大会》中，要读好“狗熊大声播通知”，就要反复练习，感受什么叫“大声喊”，怎样的效果才是“用喇叭喊”。一切都要让学生反复练习，如同课本所说“一连喊了十遍”，而我从未见过一个教师在课堂上，或者让十个学生练过，或者让一个学生练十遍。

3. 最常规的动作：及时“辐射”

教学要面向全体，要给所有学生机会，就要注重做好“辐射”工作。我们做了示范，树立了榜样，揭示了要点后，就要及时面向全体，让大家都参与。孔子说的教学秘密就是“举一反三”，孔子最感人的教学行为就是“有教无类”。

“辐射”怎么做？讲一讲，之后让全体练一练；练一练，之后让大家评一评；评一评，之后让同伴改一改。改动了，对比了，提升就形成了。学生发现自己现在做的和原先做的不一样，发现了差距，就看到了学习进步的空间。

无论怎样练习，有一条要切记：发现儿童，是终生的修炼。

青年教师课堂效果不佳，最根本的原因是忽视了对儿童的了解。于是，解决问题最根本的路径，就是去发现儿童，了解儿童。了解儿童可不是三言两语能讲完的，也不是一种许诺、一种豪言壮语，而是一生的修炼。

我的师父于永正老师有句名言：“教着教着，终于把自己教成了孩子。”于永正老师脸上永远保存着儿童般天真的微笑，这就叫境界。青年教师应该珍惜在一线执教的经历，将每一天都作为面对儿童的发现之旅。请相信：终会有一天，你将被儿童接纳，你的激情也将换来儿童的热情。

当学情“惨不忍睹”时怎么办

暑假，我应邀参加教师培训，其间有课堂教学研修项目，我需要给学生上课。

主办方找不到完整的班级，急中生智，从各个培训学校“借”来学生，七拼八凑终于“搞定”。这让我想起小时候看电视连续剧《西游记》，孙悟空借来的天兵天将都各具法力。这些学生就是来解救主办方、解救课堂、解救教师的“天兵天将”。

我上的是二年级写作课，可借来的10个学生里，一到六年级的都有，还有一个个头比我还高的初中生。这学情够“惨不忍睹”了吧？不仅如此，每个学生的习惯差距也很大。有的正襟危坐，紧张得连一句话都说不出来；有的不停地摆弄手中的可乐罐，弄出让人烦躁的声响；有的如坐禅一般，盘坐在椅子上，非常惬意……总之，丝毫不是你平时看到的上课的样子。不仅如此，说与写的能力差距也很大：有的学生连纸笔都不带，因为觉得不需要；有的学生半天写不出字来，可能是因为在放假期间，生字忘得差不多了。

很多老师说：“难为你了。”我说：“难为学生了。”

上完课之后，大家发现学生都变得欢天喜地、恋恋不舍。我虽然满身大汗，但是非常享受这一过程。当学情“惨不忍睹”时，教师到底该怎么办？其实，我的秘诀只有三个字——爱学生。

一、爱学生，首先要告知规范

就本例而言，我直接对那个玩可乐罐的学生说："不准玩，否则你不能进入课堂。"我对那个坐姿比较像坐禅的学生说："请把腿放好，否则你不能进入课堂。"教师的权威在这个时候特别管用。当教师正儿八经地告诉学生课堂规范，告诉学生该怎么做的时候，学生的敬畏之心就产生了，他们完全能够听懂。其实，他们的行为只是一种试探，或者说是旧有的习惯没有人予以纠正，导致他们以为可以这样。要知道，这毕竟是暑假，是我们难为学生了。

二、爱学生，就要理解学生

要理解学生的心理特点，理解学生的学习规律。比如写作课，你就要知道儿童写作发展的基本样态、基本规律，因循规律，不违不逆。例如，有一次在厦门，在学情也是"惨不忍睹"的情况下，我上写作指导课，题目为"说说我自己"。我请学生写自己的特长，没想到有个学生写了一个同伴的特长：手机中存着很多同学的电话号码；知道很多别人的事情。当大家都认为这是偏题，应该评零分的时候，我却给了他一百分。我告诉所有学生：这就是他的特点啊，因为他的特点就是"善于了解同伴的秘密"。我知道当时的评价有牵强的成分，说的时候也感觉如履薄冰。但在我评价后，这个学生脸上的笑、班级中其他学生赞赏的目光，让我坚信我做对了。教师的专业素养——儿童观，在这关键的时候扭转了乱局，让学生彻底成为你的"信徒"。注意！我不是在课堂上搞个人崇拜，我只是用专业化教学"收拾"这个"惨不忍睹"的学情。"收拾"的目的，是为了让整个课堂向前推进，让所有参与课堂的学生能够继续学习。

三、爱学生，还要逗逗学生

想一想吧，假期是他们的快乐时光，如今他们来配合你上课，这本身对他们而言是一种打扰，是一种影响。基于此，你还有什么资格去责怪他们呢？所以，你只有关爱他们，只有逗他们开心。学生最喜欢的就是幽默，你逗逗他们，让他们跟你亲近一点，剩下的就好办了。

话说回来，让你看到学情“惨不忍睹”，反倒是一种好事，因为学生最真实的一面都让你看见了。而更多的时候，我们看不见真正的学情。特别是在自己熟悉的班级上课，特别是在自己如鱼得水的环境中教学，教师往往被幻象所迷惑，误以为自己教得好，教出效果来了。学情一般可以分为三种：第一种为“老师看得见的学习状态”，第二种为“同伴之间的交往”，第三种为“学生个体的内心世界”。想想看，如果它们各占百分之三十的话，你所看见的可能连百分之三十都不到。因为学情中的第三种——“学生个体的内心世界”，你可能完全看不到。如今，学生非常放松地把所有的情况向你展示，让你看见的东西更多，这难道不是对教师的“宠幸”吗？

有人不禁又要问了：倘若我们没有这样的驾驭课堂的能力，遭遇“惨不忍睹”的学情时，又该怎么做呢？

当学情“惨不忍睹”时，你可以事先做足准备，在设计上下足功夫。设计，就是要符合学习的规律，要契合儿童的学习心理。例如，写作教学，你的设计就应该有助于学生由浅入深、循序渐进地写，从“写出来”再到“写好”。教学中，设计应该直奔学生不会写、写不出、写得有困难的地方，为学生搭建好支架，让其顺利“攀爬”。当设计科学、周全、合理的时候，设计和学情之间的匹配度就高，教与学的推进就越顺利。

反之，当学情“惨不忍睹”时，如果你一直埋怨学生不乖、能力不足、习惯不好，甚至痴心妄想好的学情总是被你遇上……这最终只能带来失望。所以，最应该调整的是你自己。

最后，我跟大家分享一个禅宗故事——

吃饭时，小和尚问老禅师：“如何才能不烦恼？”

老禅师说：“吃饭就吃饭，睡觉就睡觉。”

小和尚说：“可是，世人也是如此，为何那么多烦恼？”

老禅师说：“他们睡觉时想的事情多，他们吃饭时挑剔得多。于是烦恼就多了。”

记住，上课就上课，不要想太多。上课，你就好好教。教之前，设计清楚；教的过程中，尊重学生。我相信，你能够看到真正的学习正在教学相长中发生。

教学遭遇尴尬，怎么化解

前一篇讲了如何应对“惨不忍睹”的学情，还有另外一种极端：学情极度优质，大大超出了教学预设，这又该如何应对？

那是在长春吉大附中力旺实验学校，我遇到了一群可爱的学生，他们的写话水平颠覆了我对第一学段学情的认识。那一次，我执教统编语文教科书二年级下册第四单元的看图写话，这是统编语文教材第一次让学生一口气写四幅图。在我的预计中，此课教学的难度系数很高。因此，我的教学预设为三层推进，逐步提升。

第一层：写出来。让学生自由写好每一幅图。当然，我给了一个基本的说话、写话模板：什么时间？谁？干什么？

第二层：写清楚。教会学生如何写好一幅图，结合写话实践，在原始模板的基础上，获取升级的写作模板。例如，让图画“活”起来的方法，学生要会“动”：动手，有动作；动口，会说话；动心，有想法。

第三层：写全篇。指导学生关注图中表示时间的词语，让模板上升为看图写话的基本写作策略，促使学生有序地写好四幅图。

没想到，仅在第一层教学环节，学生就给了我一个“下马威”——他们越过第二层，直奔第三层去，而且看起来完全有能力抵达最终的教学目标。我请一个学生来说说第一幅图上究竟画了些什么。这幅图画的是小蝴蝶、小虫子、小蚂蚁，三个小伙伴用半个蛋壳来玩跷跷板。为了帮助他说清楚，我还给他提供了“什么时间？谁？

干什么？”这一模板，简单格式化为“时间+谁+事”。很显然，这是适合单句表达的，符合二年级学生的学情。没想到，他不仅能清楚说出这个意思，而且“添油加醋”不停地往下说，一幅图就说出了一个故事：他说了跷跷板是怎么做成的，说了小伙伴是怎么玩的，还说了蚂蚁的想法——图中蚂蚁这头翘起来了，所以蚂蚁一直想增肥，好让自己在跷跷板游戏中获胜。而蝴蝶呢，居然因为没有参加而不高兴。

瞧，一幅图，一个学生，成就一个生动的故事。

接二连三，每个学生都对每一幅图进行各种想象、加工，都讲出了丰富、精彩的故事。在第一个环节，他们就超越了我的设想——学生，不教就会了。这可怎么办？要知道，台下坐着六七百名来观摩的教师，大家都等着我的处理方案。好尴尬啊！

如果青年教师在执教时遇到“学情超越预估”的情况，该怎么办？为了避免“下不来台”，我提供三点反思——反思源于这一课例，来自真实体验，所以真心感谢学生们。

一、改变认识

原先，按我们的认知，第一学段写话，学生是需要教的，而且需要“手把手，一步一步教”。对于写话，我们认定要按部就班，从积累字词，到写好句子，再到连句成段，最后到连段成篇。但真实的情况是，学生有无限的可能，教学有可能滞后。一、二年级学生的写话能力发展不利，很可能是因为被教学限制住了。例如，我们不断强调写好一句话，然后写好几句话，而他们一张口就可以说出一个故事。只要能识字，或者有语音转化设备辅助，再除去口语到书面语转化中的信息折损，写出故事就不成问题。

编故事是儿童的天性。教师对儿童写话的认识，特别是对起步阶段的学情定位，得在设计之初进行调试和更正。

二、用“三步”稳住阵脚

如果真到了课堂上才发现这种情况，改是有点来不及了，那就“临时抱佛脚”，告诉自己——稳住阵脚，分三步走。

第一步：听。听听学生到底说了些什么。他们说得很精彩，我们就给他们鼓掌，不要因为他们说的不是自己要的，就急于否定。

第二步：找。找找班级中那个“需要帮助的孩子”，将“教”施与他吧。有的学生不需要教，并不代表所有学生都不需要教，因为毕竟有学生是能够匹配设计的。所以，可以去寻找学情的“均值”，发现需要扶助的对象。

第三步：导。教的过程是有价值的，可以引导大家来关注。关注我们对需要教的这一群体的扶助，让大家共同获得“学”的过程。“教”是为了“学”，“教”与“学”在关注的过程中实现融合。只要设计时，我们更倾向于表达模板的获取，此时的关注也就产生了共同的学习价值——获取表达的模板，实现了共赢。

其实，学生的表达能力差距来源于两方面：一是积累的词汇量有多大，二是表达的模板有多少。词汇量可以在课外阅读领域实现弥补，表达的模板就在课堂教学中补给。所以，写话不是“随心所欲”，教学势必存在。

三、借助评价，拯救败局

特别是写作课，学生最后“写出什么”“写得怎么样”，都能在很大程度上影响对这节课的评价。其实，这样的评价也可能是一叶障目的，因为这是停留在写作表面的直观感受，但可以给我们带来力挽狂澜的启发。评价中对学生写作结果的认可，能转化为对教学的好感与好评。

如果学情是写得太好了，如何评价？当然不是不停“点赞”。我们还可以从另外一个角度进行评价，让大家更进一步关注教学的实质。写得好不好？有没有用修辞手法？语言文字美不美？这种情况下，评价处于辞章学层面。我们可以从写作学层面去评价，给每个学生以发展的可能。例如：“你这么写，用了什么方法？”“你是怎么构思的？”“你有没有可以和大家分享的创意？”“你能不能提供可以复制的写作模板？”也就是说，我们可以让评价更靠近写作层面，关注获取写作模板，建立写作框架，完成写作构思，让学生的写作能力得到提升，让教学实现增值。写作学，讲究有章可循；辞章学，讲究欣赏文字结果。评价的切口不同，就给了教师扭转逆境的可能。

长春吉大附中力旺实验学校的那节课，成为大家热议的焦点。学情优质带来的教学思考很多，以上是我的阶段收获，希望对青年教师们有启发。

执教写作课，不要沉迷于套路

近来我比较集中地听了青年教师执教写作课，发现在写作指导课中，青年教师对套路的迷恋特别严重。

例如写人，必定讲到人物的外貌、神态、语言、心理、动作等描写，而且，一定要在同一节课、同一个人物的写作项目中讲完。又如写事，必定用“六要素”来框定事件，写出时间、地点、人物等。再如写场面，一定是用点面结合法。

其实，我们并不反对套路，学生学习写作，还是要有些套路的。我的多本给儿童的写作指导用书中，对此类套路也有所提及。但是，我在课堂执教时，可不会这样教。在书中提及，就是让学生自由阅读时获取最基本的信息；到了生动的课堂演绎中，我要给他们实战技巧，给他们真实写作中用得上的方法。因为我深深地知道：真到了写作时，只会套路是不靠谱的。

首先，从教学内容上看套路：无趣。套路，本身就是无限次重复的结果。例如，之前说的写人、写事、写场面的教学中，所有的教学内容都是一成不变的。学生不断接触，还要不断假装学习，当然失去兴趣，这样的教学必定不可取。

其次，从教学效果上看套路：低效。前文说过，套路并非一无是处，但是确实效果不好。而且，长期用套路教，会产生一种“多吃不消化”的负面效果。例如写人，很少有作品一次性对人物的外貌、动作、神态、心理、语言等各个方面都进行描写。有的作家擅长这一方面，有的作家擅长另一方面，只要找准自己关注的一个点，写进去，写出彩，人物就活了。贪多求全地描写，反而无法产生效果。

最后，从教学价值上看套路：廉价。套路，属于陈述性知识，是一种概念化的定格展示，绝对不是有较高价值的学习内容，当然也不会产生多少学习的价值。对于学习写作的学生来说，真正要掌握的是具体的操作法、写作的模板、可用的框架。例如：如今我的心中有一个意思了，我该如何写出来？我有一个想法了，如何和你分享？如何让你接受？怎样写得更好？这些和具体操作有关的程序性知识的获取更为重要。套路学习，无法满足这些要求。

在这里，我想到德国的学习，最大的热点是学技术，而不是获取文凭。而如今我们的学习，特别在意获取文凭。我也在意文凭，敬重学术，但我也强调青年教师应该让学生在真正操作起来的时候，能顺利“上手”，不要仅仅是个“花架子”。

小学的写作教学，可以根据类型分为两种。第一类是以训练为主的教学，偏向对写作各个组成部件的练习，期待练习局部，组装成型。第二类是以素养提升为主的教学，指向的是语言的运用、思维的介入、审美的取向、文化的传承。很多名师的写作课都偏向对写作素养的指导与落实，这一点很值得青年教师学习。但在更多的时候，在一线课堂，青年教师首先要学会执教训练型写作，这是基础，是保底工程，是首要任务。我给大家三条建议。

一、读好教材，不偏移

很多青年教师上写作课，喜欢自由发挥，喜欢以“创意”为名，胡乱设置写作内容。实际上，你完全没必要舍近求远。身在宝山，不要空手而归。对教材的重视，应该成为青年教师执教的依存。

例如，执教统编教科书五年级上册第五单元习作“介绍一种事物”，引导学生学写说明性文章：通过《太阳》《松鼠》两篇精读课文，可以引导学生体会说明性文章的不同类型，了解基本的说明方法，感受不同的语言风格；通过《鲸》《风向袋的制作》两篇习作例文，可以引导学生学习如何恰当运用说明方法，有条理地表达。习作“介绍一种事物”是对单元学习的综合运用，让学生感受到说明性文章与现实生活的紧密联系。

可见，读好教材，不偏移，就是我们执教的重要基础。

二、依托教材，重迁移

还以刚才这个单元为例，我们可以依托教材，找准一个点，总结出一些规律，给孩子一些模仿、借鉴的方式，让其通过练习，获得提升。

例如，指引学生回顾《太阳》的课文片段：“我们看到太阳，觉得它并不大，实际上它大得很，约一百三十万个地球的体积才能抵得上一个太阳。因为太阳离地球太远了，所以看上去只有一个盘子那么大。”从这个片段可以提炼出列数字、作比较的说明方法。再如《松鼠》中的课文片段：“松鼠是一种漂亮的小动物，乖巧，驯良，很讨人喜欢。它们面容清秀……”通过这一片段，引导学生提炼摹状貌的写法，写出松鼠可爱的样子。以上都是从教材中抽取的写作方法，都可以应用到学生自己的写作练习中。

用上方法，依托教材，实现迁移。

三、超越教材，写自己

教材中的示范，给出的就是实用、现场感浓、操作性强的写作模板或是写作框架。学生获取之后，要鼓励其不要依葫芦画瓢，不能简单、机械地模仿。青年教师可以指导学生以此为蓝图，填入自己的思考与写作内容，用自己的语言来表达，创造出属于自己的新文章。著名教育学者刘佛年先生说过，学生的创新就是“微创”，就是“仿创”，就是在前人的基础上有一点变革，有一点改观，这些都应视为创新。

例如，从丰子恺的《白鹅》中学会了写喜爱动物的模板——“拟人化写法＋作者评价”，学生就可以用这样的模板尝试写自己身边的小动物。学生自主选择了公鸡，使用拟人方法，再加上自己对公鸡的情感评价，很快完成了《我喜爱的大公鸡》片段练习。这里，学生借用的是写作模板，而不是写法套路。模板中有过程性的写法解密，学生获取后能立刻运用，这是典型的、看得见的、正在发生的学习。

青年教师在写作指导时，不能迷恋那些枯燥的、意义不大的所谓写法；应该注重对教材的关注，从中指引学生顺利学习到写作的程序性知识，在实践中提升。“问渠那得清如许？为有源头活水来。”源头抓住了，一切就顺理成章了。

作文水平提高的“套路”

很多人希望获取瞬间提高作文水平的“套路”，用当下时髦的说法叫“干货”。

我很认真地回复：这个，真的没有。鲁迅曾经在《作文秘诀》一文中表示，写作是没有秘诀的。倘若有，作家早就传给自己的孩子了。但在写作上，“祖传”的特别少。

我知道，仅给出这样的答案，会让很多人绝望——眼睁睁看着小孩的作文老是原地踏步，写了半天无法提高，真的是一种扎心的痛，所以，必须找到有助于提高的“套路”。我强调的是，如果你有耐心，能够至少坚持做三年，接下来说的“干货”，真的很不错。前提是，你坚信这样做有效，而且坚持了一千天之后再说效果。

其实，老祖宗传下来的一种方法，经过千百次的验证，已经证明绝对有效——模仿。有效的模仿，要保证“三个不变样”，这也就是模仿本身的“套路”。

第一，序列不变样，从分步模仿开始。模仿，特别是学习一种技能的模仿，不要急于求成，不能大而笼统，最好从局部入手，慢慢延伸到整体。我酷爱中国山水画，就以画画为例。几乎每一个学习中国画的人，都模仿过《芥子园画谱》。《芥子园画谱》中分类很细，比如画山的方法简称“山法”，画水的方法就叫“水法”，画树的方法就叫“树法”。而就“树法”而言，还分为树干画法、树枝画法、树叶画法。树干画法中又分为各种皴法，如斧劈皴、荷叶皴、披麻皴等。学习者按部就班，分门别类，从每一个局部入手，渐入佳境，最后都能见到成效。

第二，规律不变样，进行反复模仿。每一个练习中国画、书法的人都知道，不下苦功夫，根本没出路。写作上，大家却往往忽略这一规律，希望速成；也难怪，被考试逼着，无法免俗。作画的模仿、书法的临摹，必须有量的积累才能迎接质的变化，这是亘古不变的定律。所以，历史上留下好多这样的励志故事，如“笔冢”——由用坏的笔构成的“坟墓”，以此形象地让你知道，功夫要下得深，铁杵才能磨成针。所以，写作一两篇就期待提高，无疑是自欺欺人。

第三，方式不变样，坚持集中模仿。传统文化研习讲究师承。学画画的更是注重集中练习一种模式，掌握后再进入下一个，不能朝三暮四。例如，有的画法注重“笔法”，有的注重“水法”，有的注重“墨法”。每一种都是一个流派。注重“墨法”的，又分为积墨法、焦墨法、淡墨法、彩墨法……每一个人跟随一个流派，认真研习十余年乃至更长，方有小成。学习写作，如果能坚持在阅读中吸收，在实践中形成风格，将其固定并凸显出来，一写就是一种姿态，也算是“速成”了。毕竟，风格是一辈子的事，在小学时文字就有一种滋味，品味起来也是美美的。

看出来了吧？模仿就是作文提升的“套路”与“干货”，是小孩必练的童子功。可是，就在你即将信奉这一说法，满足于模仿时，你突然发现：西洋画的学习，完全不这么说。西洋画学习不主张模仿前人的作品，提出直面对象，描绘实物，“师法自然”。西洋画一开始就鼓励写生，就让学习者对照实物进行创作，要的就是个性，就是突出的创意。有的画家的个性就是“真到极致”，笔下人物皮肤上的汗毛孔都看得见；也有的画家干脆就走扭曲变形的路子，画作夸张得让你惊讶后为之叹服：不管哪一种，都是个性张扬，而不像我们说的“师其心”。

看到这里，不少父母、老师的心又乱了。相对于年复一年、日复一日的枯燥模仿而言，尽快画出个性，或者因离奇而出彩，真的更让人期待。所以，我们又开始怀疑：模仿真的是有效提升的路径吗？应该是。

回到写作上，那些灵气十足的文字，可能是一种障眼法。大家不要期待教学能带来多少个性，哪怕西方教育思想不断告诉你，无个性不教学。有时候，教学的本质就是一种共性的传播。而个性与创意，不是教出来的，是生长出来的。这就是孟子所说的“大匠（梓匠轮舆）能与人规矩，不能使人巧”。

陪伴小孩写作，我们不可期待写出“直指人心的少年老成”，也不要去欣赏那些“敢于直说的无忌童言”。过于夺人眼球、震慑人心的，很显然都不是常态，都不应成为写作教学中成年人欣赏和弘扬的“主旋律”。倘若你试图通过教学让小孩写出惊心动魄的文字，那么，你至少犯了两个错误：其一，把教学看得太重了；其二，把自己看得太轻了。

把教学看得太重。你会把“特例”当作“范式”，你会在媒体报道的怂恿下，在偶然获得的个案中去迷恋“惊天地，泣鬼神”的文字。其实，这些文字出现的偶然性已经不足以被过度关注，更不要说你还天真地以为“是的，理想的儿童写作应该是这样的”。于是，你试图通过教学让小孩不断透支未来，你把偶尔的灵光闪现看作常青树。不可否认，有时候小孩会在不经意中说出只言片语，很有灵性，但要让教学推动集体抵达，只会造成对自己教学信念的崩塌。

把自己看得太轻。你根本不知道，大师的成长也是靠日积月累的；同时，还要有生活作为厚实的温床。生命，总会在厚重中自己摩挲出璀璨的光。小时候我临摹宋文治先生的山水画，一直觉得他的折带皴好奇怪。直到我到了桂林，看到了漓江的山、漓江的水，我才知道：哇，简直是超凡的艺术！宋先生对大自然的概括，达到了极高的境界。后来我又学习黄宾虹山水画，看到他那积出来的焦黑的墨，也不大理解。直至一次我在凝望山水时，眼中突然看到密密层层的叠嶂，看到重重叠叠的苍茫，才认定黄先生在浓郁焦黑的墨块中，积攒的是一种生命感悟。艺术家都是用生命在和你对话，你所看到的最终的艺术成果，都来源于长期厚重的承载。而且，有了备受认可的成就后，他们依旧刻苦。

回到我们的主话题来——儿童写作的提升，有没有“套路”或者是“干货”？一句话：可能有吧，那就是扎扎实实地练好表达的基本功。再加一句话：请拥抱生活，请让每一个成长中的孩子更多地接触自然，让其在自然的状态中成长。

如果你这么做了，依然发现小孩不进步。怎么办？很简单，放过他。也许他这一生就不适合写作。这没有什么大不了的，一点都不影响他成为科学家、建筑学家，成为别的领域中的英才。小学阶段，成年人在教学中请专心地做好能做的事，不要对孩子无限拔高。

教写作要“穿上鞋再系鞋带”

统编教科书在三至六年级的上册中，都设置了独立的策略单元，同时在日常教学中也注重策略的渗透和引入。这样的编纂体系影响越来越多的青年教师在执教中开始注重策略，讲究方法。这一变化也大大提升了教学质量。

特别是在写作教学领域中，教师一改过去布置命题后做“甩手掌柜”的做法，不再以简单的一句“开始写吧”取代所有过程性指导。他们开始注重“手把手教”，落实教学目标，努力实现“教到会”。这些都成为大家的共识。学生的当堂写作也有了可喜的改变。

但我们发现，写作教学还有提升的空间，且目前我们注重的方法教学、策略给予，还有不尽如人意之处，有时抵达的是另外一种意想不到的教学困境。我们尝试以形象的说法让青年教师们感受——学生已经会系鞋带了，但是发现脚穿不进鞋子里了。原来，在我们的教学操作中，还存在以下几个欠缺考虑的地方。

第一，知与行分离。我们教学生的写作知识，与学生的写作实践不匹配，知与行分离了。我们给他的知识，有可能是大而空的、放之四海而皆准的，或者说是极具教师个性的，并不能够指导本次的写作，不能够服务学生。因此，知识教过了，但学生依然无法提高。有时候，我们把知识的讲授和学生的写作练习分开来，讲归讲，练归练，效果不佳。这好比给了学生一双硕大的、不合脚的鞋子，是不是让你想起“卖火柴的小女孩”脚上的那双……

第二，虚与实混淆。所谓虚，专门指有时候我们给学生提供了某种美好的写作愿景，让其产生“我能写好”的幻觉。教师当堂给出例文，进而从中抽取所谓的写作知识，并言之凿凿地结合例文告诉学生：“瞧，就这么写，一定可以写出这样好的文章。”实际上，这只能是一种一厢情愿的幻觉。例文本身不具备典型性，仅是某个学生所写，或者说根本就是教师代笔而成。如今要从这一独立样本中抽取通用方法，还要实现全面流通，这与学生写作的实情不符合，教学不合逻辑。这样教的结果就是课堂上写指定类型的文章时管用，一旦走出课堂，在真实的写作实践中时，这些方法往往无用武之地。这犹如给了学生一双透明的水晶鞋，仅在殿堂上舞蹈时能用，日常穿了硌脚……

第三，教与学脱节。有时我们依然固执以及浅显地以为：写作，我教了，学生就要会；我教过，学生就会好。我们陷入狭隘的经验主义泥潭，还沾沾自喜。如同西谚所说：“世界上最顽固的分别是钢铁、钻石和你认识的自己。”“教”与“学”脱节，教不能有助于学，教了等于白教。而且，在我们的教学流程中，严重缺乏一个“检测环节”：一来是对教学目标是否抵达进行检测；二来是对学生是否能胜任写作、写出的文章品质如何进行检测。少了检测，所有的教学责任很自然就归因在学生一方——当学生未能完成写作任务时，教师还总是抱怨学情不佳。慢慢地，我们就不习惯去反思自己的教学是否能够匹配“作文产出的正常流程”。学者顾黄初说，我们的教和文章的产出不符合，我们在执行的是“半拉子”工程。好比你要的是球鞋，而我非要给你一双皮鞋，之后还要告诉你：你的脚太难看，让皮鞋也变得丑陋……

如何走出这一困局呢？我们已经开始注重“过程性教学”，已经找到了有效教学的基础路径，只要再往前走一步，就会看到美好的教学出现。我们主张“穿上鞋后，再教学生系鞋带”。

首先，让所授知识与写作实践匹配，让学习真正发生。

这一次指导写什么，就教什么。教得实在，不让学生满足于大而空的“常识”，而应让他们获取本次写作必备的知识。学生获取知识后，在实践中进行转化。

例如执教统编语文教科书三年级下册第五单元习作“奇妙的想象”，我们教学生的就不是所谓的大胆想象这个空洞的知识。我们告诉学生在具体表达想象内容的段落中，应怎么写才能让读者接受，并感到惊奇。例如，你可以在段落开始直接亮出你的想象；你可以在叙述中着力解决现实中的困境，用想象来摆脱困境；你可以将想象的解决写得完美，让奇异的效果震撼读者。你可以通过“亮出想象”“解决问题”“效果展示”三步，把笔下的想象世界呈现给读者，争取获得读者的认同。这三步就是本次写作实用的、匹配的知识，结合具体的写作实践，能够实现当堂改变。

都说试鞋不能请人替代，鞋合不合脚，只有自己知道。教学写作，也应该注重匹配性。合脚的鞋子，穿起来舒服；合适的教学，教起来有效。

其次，四位一体的联动式教学，让有效看得见。

所谓四位一体，是指写作课堂教学中，做到讲、练、评、改四个教学设计一体化、联动式实施，成为写作课堂上的“规定动作”。

讲，就是教师讲授；练，就是学生练习写；评，就是各种形式的评价；改，就是作者本人的修改。写作指导课，就是讲、练、评、改循环出现，其间再穿插听、说、读三种能力的训练，形成“七剑下天山”的阵势。

写作本身就是综合素养的体现，而不是孤立地让学生花力气练、练、练。当然，教师也不能铆足劲，自以为是地讲、讲、讲；效果不佳时，不能一味地让学生在文字表面改、改、改。教学要有效，应该注重教什么，就练什么；练什么，就评价什么；评价什么，就修改什么。讲、练、评、改，四位一体联动式教学，这就好像让学生把脚穿进鞋子，然后学习系上鞋带，之后再走几步，试着调整鞋带的松紧，让脚舒服。

最后，少灌输，多引导，让愉悦的情态带来写的动力。

青年教师在执教时容易犯一个毛病——草率地铁口直断。好多次听课，我总听到青年教师信誓旦旦地向学生承诺:“来，跟我这样做，一定能够写好。”实际上，这个世界上就不存在“一定”，请牢记名言——“最永恒的就是变化”。教学更是如此，只存在个性化的调试，不存在“一招鲜，吃遍天”。“发狠誓”的灌输式教学，其实是做广告而已。

不如引导学生更多地尝试，更多地体验，“把鞋子穿上再调整”——哪怕不合适、不舒服，甚至是“穿错”了，还可以脱下来，换一双。“能写就先写出来”，即便写不好，对于学习写作本身而言也是有价值的。至少，它能够引导出真正改变的发生。

还以“奇妙的想象”为例。我们教学生“写好想象三步走”，在随后的写作练习中，发现部分学生并未按此步骤去写。特别是优秀的学生，他们基本沿着自己的思路走，教学对其不起作用。例如，他们喜欢以拟声词开头，开篇就创造出一个奇妙的想象世界；他们还以想象爆发的高潮开头，让一开始的几句话就夺人眼球……此时，经验不足的教师会强制学生改回“三步走”的写作模板；而经验型教师则欣喜地保护学生的写作热情，惊喜地分享学生独特的创意，并引导同伴关注高手的特殊表达。这样一来，对于全班而言，大家又多获取了一种写作模式，写起来更有可能不拘一格。教学也实现了面向全体，照顾多元。请记住，每个人的脚是不同的，即便是同一尺码的鞋子，穿进去左右脚也会有不同的感受。教学，少一些强制，多一分尊重，更容易获得学生的认同。

穿鞋，系鞋带，这件事必须自己来；写作，学习写作，这件事必须多尝试。教师教得到位，学生才能写得轻松，学得有效。

请正确看待考试

说到考试，很多人都头疼。有的学校宣称：我们不考试！一时间万民欢腾，舆论捧场。不过，我觉得这应该属于“取悦小孩”的行为。简单取消考试是很鲁莽的，也是违反学习规律的。我的观点还是要考，而且要好好考！

学生就是这样。你说不考，他就放松了，进步就靠“吃老本”。

教师也不可能轻松啊！不考试，一定有别的劳务在等着你。与其虚头巴脑地做些“散工”，不如好好考。注意，我说的是“好好考”。我们不要很武断地说“要考”“不要考”，问题解决的关键在于，到底怎么考。

一、最好的考试方式：边学边考

集中考，不如分散考；学后考，不如边学边考。将考试和学习融为一体，有三种形式。

1. 课前几分钟，考一考

每节课的前十分钟，可以用来简单测试。例如，抽查背诵，默写片段，听写生字，口头表述见闻，概括课文内容，说出对重点语段的理解，展示收集的资料……每节课都考，学生的状态就不一样。学生不会的，教师可以及时辅导；有能力的学生可以成为榜样，全班都取得进步。这项考察还涉及对学生日常学习态度的考察，日积月累，轻松且有意义。

2. 下课前几分钟，考一考

马上下课了，教师可以少讲几分钟，用来考一考。学生按照座位号的顺序排列，进行口头综述，就针对“本节课所得”，进行统一话题的表达。这样做，一来考察课堂学习的效果，二来考察口头表达能力，三来还可以分享学习所得，真是性价比很高的一种考察。

3. 每隔一个阶段，考一考

一个学期就四五个月，每个月设定为一个阶段，这样一来，即便每个阶段都考，也就四五次。当然，也可以学习一个单元进行一次考试，一学期大概八次。以单元检测为例，每个单元学习的知识要点、语文要素，作为必考内容。因为分得细，所以考得精，也考得相对少。此外还可以将“课外推荐”的学习内容，细化到各个单元进行检测，化大为小，不至于期末来个“算总账”。

不少人看到这里会说：“不如把考试的时间拿去读书吧，学生会学得更好。”确实好，但不是更好，只是“还可以”。统编语文教科书总主编温儒敏教授说：“老师要懂得一些‘平衡’，努力做到既能让学生考得好，又不把他们的脑子搞死、兴趣搞没。”[①]我们应该朝着最理想的方向去发展，因为考是一种促进，也是一种监督，考试本身就是一种锻炼，应对考试就是一种能力。

其实很多学校也尝试形式多样的考试。例如，办理一个“学习护照”，每完成一个学习任务就如同到达一个地点，让考试趣味化。类似的还有“考试成绩积分卡”“考试银行”“考试旅行卡”等。我相信大家已经关注，就不一一介绍了。此外，伴随新课程还可以进行“项目学习”。例如，一个月开展一次综合实践活动，一个月提交一份综合实践报告，一个阶段组织一次小组合作学习。之后，把学习的成果

① 温儒敏．语文课要“减肥”“消肿”［N］．齐鲁晚报，2015-05-13（B05）．

用实验报告、实践综述的形式展示出来，让大家来关注、评价，大家一起来进步。

我曾经服务的一所学校，每学期进行口试，特别有效，特别有意思。口试的时候，生生互测——你说给我听，我说给你听；还有教师进行逐一面试。最后的成绩按照配比与笔试一起计算。口试前的晚上，学生的准备工作绝对不亚于参加纸笔测试；特别是面对教师的面试，如同面对名校自主招生考试一样，很刺激。

当代的学生太少拥有紧张的感觉，他们只剩下劳累。

二、最好的试卷命制："三不"

不管形式怎么变，我们所说的考试，父母、教师最关心的考试，还是纸笔测试。如今，命制一张考卷绝非小事。我认为，好的试卷有三个特点："不累死""不痛死""不烦死"。

1."不累死"

"不累死"，指的是学生在考卷中书写的汉字量相对少。因为少，所以更要写得好。所有的汉字书写集中在主观题上，如短文分析、习作，注重规范，保持卷面整洁，尽力做到书写端正。

2."不痛死"

"不痛死"，就是不出现难题、怪题、偏题，不要一味求新、求变地出题，让学生头疼。这些题目毫无价值，说白了，学生即便能考好，也没意义；即便考不好，也不会有损伤。只可惜大家看不透，仅仅因为成绩而心惊肉跳，导致情绪低落，害人害己。

3."不烦死"

"不烦死"，就是提醒教师，考试不要瞄准对记忆力的考核，不要在陈旧的知识、陈述性知识上反复考查。学生会做的，一直做，做到烦。这样的考试，取得高分也不刺激；取得高分的同时，还是一种能力的滞后与拉低。

三、最好的考卷是什么样的

如今对试卷要求的提高，也体现着评价工作的进步。这里，我就不提“国际某某测试”了，毕竟那种试卷，不是“个人行为”，而是一种研究结果。也许你是一线教师，出了无数试卷，但最好的试卷，我认为有以下三个特点。

1. 不重复，网上不可搜

好的考题应该是原创题，尽力做到原创，至少保证重要的考试题目在网络上不能被搜索到，各种复习材料中不能出现原题。出卷时，题型可以研究，但题目内容不能照抄。出考题是一种创意，也是出卷者独有的知识产权。

2. 不遗漏，各方面兼顾

语文学习的“八字宪法”，很多青年教师大概不熟悉，那就是字、词、句、篇、语、修、逻、文。这些在考试题中，都要有所涉及，不能顾此失彼。以篇章考察中的文本分析题型为例，信息的提取、分析、理解、加工、鉴赏、评判，各种能力都要考察，试题命制时还要做到“题与题之间不兼容”“题与题之间逐层递进”；同时，又不能超标，要符合新课标对各个学段的要求，考在“该考的知识点”上，考在“该考的能力生长点”上。例如，第一学段的表达类考察，就是“写话”。学生能做到句子完整，表意顺畅，逗号、句号、问号、感叹号使用规范，就应该得分；如果能用上学习中、生活中积累的词语，就应该被视为优秀。因为第一学段的写话要求就三条：对写话有兴趣，写自己想说的话；在写话中乐于运用阅读和生活中学到的词语；

根据表达的需要，学习使用逗号、句号、问号、感叹号。

3. 不出错，确保自身正确

千万不要小瞧这一点，很多题目本身是存在错误的。还有的题目中的选项相互矛盾，甚至是没有可选择之项……错误导致争议，影响了整个考试的权威性。因此，出一份合格的试卷非常不容易。建议大家出卷后多检查，避免闹笑话。

倘若做到这几条，还能做到形式多样化，有一定的趣味，让学生喜欢参与，考试就功德无量了。考试绝非小事，谨慎对待吧！

期末反思，究竟如何做

期末到了。每一所学校的每一个教研组，都要组织教师进行期末反思。

反思会上，教师到底要交流些什么？反思中，教师到底能获得些什么？如果让反思流于形式，教学反思会就会成为让人反感的无聊聚会。

反思的方案很多，教师的反思可以借助图 2-1 来获得启发。

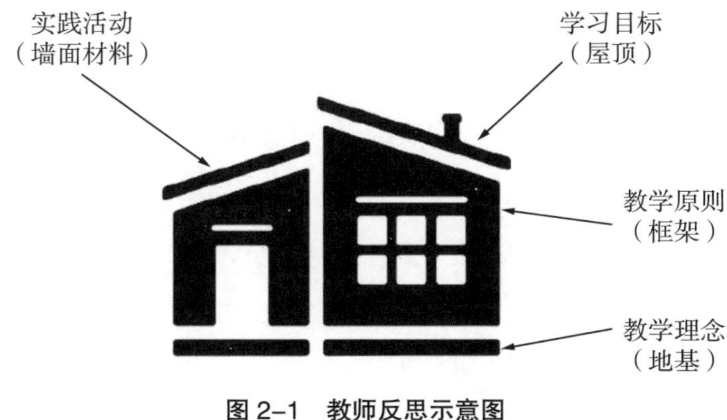

图 2-1　教师反思示意图

若要让反思既能够总结自己一个学期的教学经验，又能够对即将来临的新学年有所启发，教师可以注重以下几个方面。

其一，反思本学期的每次执教，自己是否有明晰的学习目标。

目标犹如屋顶，为整个学习“遮风挡雨”，功能自然极为重要。目标是一次学习的终点，也是这次学习中，教师和学生协同合作后所能够得着的最高处。目标设定是否清晰，对目标的理解是否到位，在执教过程中是否循着目标去教学，让学生在目标的指引下不断进步，这是反思的要点之一。

有时候，越是重要的东西，越容易被忽略，在执行时越容易陷入盲区。读者可以在阅读到此时思考：我做过类似的反思吗？我重视学习目标吗？单元导读页面，我细致解读过吗？

其二，反思本学期的每次执教，自己是否有坚定的教学理念。

教学理念就像房屋的地基。理念越坚实，地基越牢固，房屋存在得越久。

以语文学科为例。持续进行语言文字的积累，不断提升语言文字在运用中的思维能力，尽力打开认知层面，让学习面对真实生活，这是新课标提倡的核心素养学习新理念，也是教师在反思时需要做好的“填平补齐”的工作，即日常教学中，我们忽视了什么，在哪一块薄弱。反思中，教师要对下学期做出规划，进行弥补。例如新课标提出的“跨学科学习”“整本书阅读”这两个拓展型学习任务群，在一个学期中，是否没有被执行？是否拘泥于对语文单一学科的固执教学？是否还在让学生犹如机器一样，不断写、写、写，读、读、读？对积累的认识是否还停留在背多少课文、写多少字，且强势宣称这就是教学？如果是，教师需要反思。

对教学基本理念的反思，是新课标时代指向核心素养的教学所召唤的，是教师反思中应有的组成部分。

其三，反思本学期的每次执教，自己是否组织合宜的实践活动。

实践活动犹如房屋的墙面材料，也像构成房屋的各个部分。

在本学期中，究竟开展了哪些实践活动？上一节课，是否依旧枯燥、呆板地生硬灌输？是否还以为学生静悄悄地填单子就是学习？是否还觉得组织学生热热闹闹地“摆龙门阵”就是让他们合作？为了学习目标而调整的学习活动，应该是变化多端且丰富多彩的。实践活动形式多样，房屋就好看，住起来也舒服。

最关键的是，教学中，教师组织的实践活动不是为了证明自己的教学理念有多先进，而是要让学生喜欢，要给学生留下深刻印象。

人不会天生讨厌什么，但人会因为参与后而讨厌什么。但愿不要有学生因为你的无知与固执而讨厌语文。所以，我们要反思。

其四，反思本学期的每次执教，自己是否形成可以坚守的教学原则。

在反思中，最深刻也最隐秘的，就是教学原则。教学原则如同房屋的框架。是否在教学中坚守了这一原则，就如同建造房屋时是否为其提供了久远的支撑。显而易见，反思中少不了的是“为了长远”而进行的规划与坚守。

执教一个学期，不是“打零工”，松散尝试。每一节课，都可以看成为了探寻教学规律而迈动的脚步。教学一个学期，教师如果通过实践和改良获得一定的执教模板，找到一定的促进学生成长的规律，转化为自己的教学主张与教学原则，那就是幸运的。对这些主张、原则的认识，可以让学生通过你的教学，特别是通过你长期坚守的原则，发现语文学习的美妙与秘诀。

找到规律，坚守原则，做好漏洞补丁，可以让下学期的教学更加优质。反思教学原则，可以让教学的价值更大，让教学能更长远、持续发展。

学期末的教学反思，让我们通过这张图（图 2-1），做得更理性、更专业，给新学年更多启发，让教师和学生一起在反思中获得提升。

不能总停留在“圈一圈、画一画”

我听过不少课，发现青年教师在课堂教学中爱说这句话：“同学们，请拿起笔，在课本上圈一圈、画一画。”之后的教学，就结合圈画的内容进行。

发现了吗？几乎每节课都有这句话。我们暂且将其称为青年教师教学口头禅中的“六字真言”。这么多人说，每节课都说，到底在课本中圈一圈、画一画有没有用？这是个值得思考的问题。

首先，学生都圈画些什么？

大部分情况下，圈画分两类。第一类是关键词。学生按照教师的指令，围绕某个意思，圈画关键词，如关键的动词、关键的形容词、关键的能描写心情的词等。第二类是各种句子。例如，圈画中心句，圈画最能体现情感的句子，圈画最打动你的句子，等等。因为实践的行为仅仅是圈画，所以学生能做的有限。

其次，学生圈画后还做什么？

圈画之后，教师大多让学生读一读圈画的内容，说一说圈画的缘由，汇报圈画后的感受。之后，教师再跟进教学。也许在接下来的教学中，还有教师会要求学生做笔记或者批注等。圈画之后留下的最为明显的，就是书本上的学习的痕迹。

再次，学生圈画有用吗？

用处很明显，至少有四个：

其一，在任务导向下，学生参与了语文实践活动。“不动笔墨不读书”，这是大家常说的一句话。圈一圈、画一画，这“六字真言”最起码提示了这是正儿八经的动手实践活动。第一个用处，是显而易见的。

其二，多感官参与互动更为有效。圈一圈、画一画，学生在学习中多感官一起参加：用眼睛读，用大脑思考，用口表达，再加上用手圈画。多感官参与带来的效果，当然要超过单一感官的参与。

其三，信息检索能力得以培养。动手圈画，就是检索信息。这一能力的指向性得到强化，也很集中。“集中”“强化”，两个关键词，自然带来有效性。

其四，师生互动，有了一个“焊接点”。如果没有动手圈画的设计，课堂上也许只剩下口头问答。特别是青年教师，在教学法的选择上，还显得单一，容易忽略参与度、实践性等要素。而如今，学生在教师的指令下动手圈画，师生的互动就在“六字真言”的指引下，拥有一个看得见的生动的链接。

最后，老这么做，都这么做，真的有用吗？

前文说过有用，此处再反思：老这样做，仅这样做，都这样做，真的有用吗？未必。具体效果要看学生处在哪一类学情、哪一个学段下。

第一学段（1—2 年级），就这么做。

因为这一学段学生语文阅读能力的培养，重在对信息的检索；检索之后，才有后续的加工、创造等。而且，刚开始步子走得缓一些，把学生的阅读检索能力培养得扎实一些，管用。所以，第一学段这么做，可以视为习惯培养、能力提升的教学重点。

第二学段（3—4 年级），不能只这么做。

按照布卢姆教育目标分类学中的认知分类法（2001 修订版），认知目标从低到高的序列为记忆、理解、应用、分析、评估、创造。到了中年级，学生的阅读能力不能仅仅停留在信息检索上，应该指向对检索后的信息进行理解、应用、分析，让阅读能力不断提升。因此，第二学段的教学中，青年教师应该更加注重指导学生对文本细节进行分析，对文本内涵进行理解。所以，仅仅是圈一圈、画一画，再读一读，是不够的。我们给出三个建议：第一，圈画出来；第二，批注下去；第三，体会进去。操作步骤如下：先圈画出来；再在圈画的基础上，尝试用几个关键词批注，写下自己的理解和感受；最后结合口头表达，分享理解和感受。例如教学统编教科书三年级下册《赵州桥》一文，要理解赵州桥的美观，教师让学生圈画出各种雕刻图案的形态之后，再指导学生写下“这些雕刻的形象给你留下怎样的印象”的批注，随后分享批注，畅谈感受。其间，要特别注重积累作者应用的词汇、采用的表达方式，学到修辞手法。

第三学段（5—6年级），尽量不要简单地这么做。

根据布卢姆教育目标分类学中的认知分类法（2001修订版），结合新课标中的学段目标要求，到了高年级，我们更应该切中对评价、鉴赏、反思能力的培养。这一学段的语文学习，更不能停留在文字表面、内容表层、能力浅层；而应该更多地引导学生在文字阅读中去审美，在文学意蕴上去鉴赏，在价值取向上去评价，全面开始提升阅读的高阶能力，为第四学段学习做好预热。所以，动笔圈画成了和这些高阶能力发展匹配度不高的实践活动。

我们给出的建议是，学生到第三学段，还可以圈画，但动手要和“动心”相关联，形成联动。

“动心”，就是指在第三学段的语文学习中，要有三个思考：其一，思考文章体裁的特征；其二，思考文章写法的要领；其三，思考文章对人生的启悟。圈画的内容也可以随之改为：画文章的结构导图；圈点文章的细节，留下个性化解读；批注文义，留下自我感悟；等等。例如教学六年级下册《匆匆》一文，就可以对开篇的“来去之间的纠缠”进行学习、解构、模仿；对全文的不断追问进行关注，圈画出所有文句，进行比对和分析；对朱自清先生独特的文风进行关注，反复诵读，吸纳为语感体验；等等。所有的实践活动，不能停留在对已有的文本信息的重复呈现上，教师应引导学生分享属于自己的个性化阅读结果。

对于一句很简单的口头禅，深入追踪思考，也很有意思。

执教技能修炼，要做到“三个像”

青年教师在课堂教学中，需要不断提升执教能力，日常要多进行执教技能修炼。在这里，我和青年教师分享课堂执教技能修炼的“三个像”，分别是像侦探一样提问，像心理学家一样倾听，像律师一样表达。

事先说明，这是我们的修炼目标，而不是简单的行业类比。而且，每一个微小目标的达成，都要付出一个阶段的坚持和努力。

一、像侦探一样提问

1. 提问要有目的

侦探提问，心中都有目的，只不过一时半会儿不能明说，我们称之为心里具有“隐性诉求”。侦探的每一个“隐性诉求”，以及提出的每一个问题，都服务于发现真相。教师在课堂上提出的所有问题，不管大小，不论多少，都应共同指向本次教学的目标。而常见的关于提问的问题，往往是细碎、零散的，问了半天，自己要问什么都不知道。

2. 提问要有技巧

侦探提问，不会一下子让对方知道自己关心的是什么。特别是对当事人提问，越是释放出“怀疑”的信号，越会让对方加强戒备，不利于最终实现“隐性诉求”。教师提问也要注意技巧，不可太急、太直接，可以缓步进行，可以设计有阶梯、有层级的问题，让学生

"由熟入生"，在愉悦的心理状态中，慢慢抵达妙境。对于思维量较大的问题，可以设计几个小问题作为阶梯，让学生逐渐步入最近发展区。

3. 提问要有重点

侦探提问，不会漫无边际，不会随便问问。教师的问题更要时时切中要害，有利于教学目标达成。关于提问的重点，可以强调问好三个方面：其一，是什么？让学生描述样态。其二，怎么回事？让学生描述过程。其三，为什么？让学生阐述观点。牢记这三个重点，提问如同点穴，一击就中。

4. 提问要有态度

不管是谁，态度强硬，看起来很强势，实际上不容易成事。相反，态度温和，让人感到可信、可亲，更容易达成目标。特别是教师的课堂提问，面对的是学生，不是"嫌疑人"，更应该拥有亲和的态度。但教师也不要一味地和蔼可亲，根据问题的不同类型，有时可以眉头紧锁，做思索状；有时可以和颜悦色，与学生逗趣；有时可以酷酷的，让学生捉摸不透……提问的态度，要结合提问的内容，要和学情相匹配。

我们以《草船借箭》一课为例，来说说"提问犹如侦探"具体如何执行。我在执教此课时，设计了一个思维量较大的问题：诸葛亮和周瑜签订军令状，到底谁才是赢家？这一问题很有意思，最终指向我的"隐性诉求"——感受人物的形象。要通过回答，了解周瑜和诸葛亮这两个关键人物的性格特点，这也是单元中的教学目标。由于这个问题并非"圈圈画画""随便聊聊"就能解决的。伴随问题的解决，能力提升是显而易见的。学生在思考和表达的过程中，分析能力、判断能力、思辨能力，都有所提升。所以，提问时要更多地考虑以学定教、因循学情，适度改变教学策略。我在提出这一问题后，立即提出一些铺垫性的问题。例如：诸葛亮和周瑜签订了军令状，看起来，真的是诸葛亮赢了吗？事情，会像我们想象的那么简单吗？提问时，我的表情也是一种教学资源，让学生感觉我掌握着好多秘密，产生向我求解的欲望。瞧，“好的问题 + 适合的提问方式”，如同一个敏感的触发点，牵出一条线；学生的回答好像线上的珍珠，最后会串成一条项链。这条“珍珠项链”，既是问题的答案，也是事实的真相，如同带学生看到教学目标达成时的模样。

会提问，课堂成功了一半。

二、像心理学家一样倾听

课堂上提问之后，很多青年教师似乎是在听，实际上根本就是在等。等学生讲完，然后说出自己早就想好要说的话。其实，学生的话更重要，他们的发言中带有大量的信息，甚至能决定接下来的课堂教学走向。所以，倾听是教师的基本功。我也给出三点简单提示。

1. 听完，很专注地听完

学生愿意说，教师千万不要打断，完整地听才能获取完整的信息。这一点，显而易见。即便学生的表述难免有一些含糊、混乱，你也可以让其在重点处重复表述，目的依然是请他清晰地传递出信息，让同伴和教师捕捉到，以便随机调整。

2. 听懂，其实不简单

要听懂学生的发言，并不简单。特别是教师要听懂学生的话语，真的需要修炼，要做到三点。其一，设身处地地听。此条中的“身”是指教师，“地”是指文本的情境所在地，意思为在这一课文本所营造的独特情境中，学生为什么如此表达，他们是如何思考的。其二，换位思考地听，站在儿童立场，从儿童的认知发展来听，去理解学生表达的信息。其三，不脱离语境地听。此条提示教师要注重还原真实，注重语言的实用功能、表意功能、情感抒发功能，真正理解学生。要知道言语之后的支撑力就是思维，言语产生的影响力在于情感。倾听，不是技术，而是一种艺术，是教学之道。

3. 会听，具备正确的态度

专业性是“技”的层面，态度上升为“道”的层面。所谓正确的态度，就是要做到尊重学生，理解学生。这样学生才能信任教师，才能敞开心扉，深入交往。这看起来像口号，然而“道”的指引，大多只能告诉你最理想的境界；得“道”的青年教师，才知道需要付出艰辛的努力。

依然以《草船借箭》一课为例。有学生在回答问题时，阐述了这样一个观点：其实，周瑜没有输。一下子，很多人反对，都说“诸葛亮赢了，周瑜输了”。幸好，我让其说完，这才知道该学生的表述是符合文本的。“此时此刻看，周瑜没有输。因为他和诸葛亮签订了军令状，如果东风不靠谱，诸葛亮必死无疑。”学生说得有理有据，完整倾听带来理解，听完、听懂带来尊重。还有个学生说：“其实，诸葛亮和周瑜都赢了，只有曹操输了。”这个观点极具创新力，涉及对《三国演义》的全盘思考。因此，青年教师不要急着对学生的表达进行评价。

三、像律师一样表达

课堂教学中，教师需要表达。学生说完，教师说；教师说完，学生继续说。这就是教学相长，也是师生互动。关于教师的表达，我也提出三点建议。

1. 表达的观点要鲜明

教师的表达，不要含糊，要简洁地亮出观点，让学生听清楚，记牢靠。

2. 表达的证据要充分

教师的表达，不要太强势，不要以势压人。尊重学生，还体现在教师在表达时要注重引经据典，站在事实的基础上说话。这就像律师的表达，都讲究证据；没有证据，无法让人信服。

3. 表达的过程要合理

拥有大量证据后，律师在表达过程中，还要努力给听者留下鲜明的印象，让人感觉合情、合理、合法，这样才叫以理服人。辩护的成功，也讲究话术，注重心理，要让对方改变原有观念，相信你所说的是真的。教师的表达要注意符合逻辑，整个过程合情合理。

在具体的操作中，我有三点小建议：第一，倾听学生发言得来的信息，要用得上。这就叫随学情应变，让教师的表达更贴切、更容易深入学生的心。第二，解读文本时获取的信息，要用得全。这就叫还原语境，回到文字中寻找答案，这样的表达很容易得到认同。第三，教师的个人素养，要用得好。表达时，你的态度端庄大方，语速正常，语言亲切、和蔼，学生从心底喜欢，接受起来就更容易了。我建议青年教师不要过度追求风格，不要有太夸张的表现，学生不是靠“刺激”来学习的。

青年教师课堂执教的技能修炼要做到以上“三个像”，这是对课堂教学完美状态的描摹。要达到这样的境界，我们都需要一步步修炼。

作文批改如何做，效果更好

我在网络上和老师们分享百字作文训练方法，大家最关心的不是百字作文是否管用，而是不断追问："啊？每天写百字，每天改百字，我不会累死吗？"

如何改，这个问题没人想通，没人愿意给自己找麻烦。的确，改作文，是一件让人想想都害怕的事。原本，一个学期改八次，已经是筋疲力尽；如今写百字作文，每天都有四五十篇作文扑面而来，犹如游戏中所说——有一大波僵尸，正朝着我们进攻。

这也正是百字作文的尴尬——大家嘴上都说好，却在犹豫做不做。

我们暂且把"百字作文"这种称呼、代号、形式等放一边，单说批改。一个老师要面对四五十名学生，甚至更多，进行所谓的作文评改。这是一件吃力不讨好的事。不少教师直到退休，用了三十多年时间才得出检验结果——再累，都无效。

真的是这样吗？来看分析。

一、对批改无效现状的分析

第一种情况：改得很好。那只能说明老师的水平高。你能发现文章中的问题，你也不辞辛劳地写下批语。但即便如此，也于事无补。水平低的学生看着你的批语等于看天书，无法做到按批语修改。因为他的原有认知和你要他抵达的最近发展区之间，有一道难以逾越的鸿沟。更糟糕的是，教师长期批阅这样的文字，缺乏提升，反而向低水平去靠拢。教师的职业水平会慢慢降低，在批阅时的情绪会越来越糟糕。可以理解，“取法乎下”嘛。

这就是不管老师爱不爱写作，都不爱改学生作文的关键原因。

第二种情况：改得不好。批改走形式，改了等于没改，无效。这个似乎是必然的。这和教师的敬业精神与执教态度无关。在以一敌百的疲劳战中，教师就是牺牲品。教师勇气可嘉，知其不可为而为之。其实，无论你做得如何，在海量批改上，都可以得到一枚“勇气勋章”。

不过，最倒霉的是学生——学了半天，写作水平不怎么样，写的东西还用不上，未来生活中，还与写作绝缘。

二、批改到底是怎么回事

实际上，批改，或者是修改文章，就是从“看到写的是什么”，去“探寻作者的思考路径”，去“发现作者的写作目的”。这等同于批改的同时，借助文字扫描，给作者做一次“精神分析”。在这个过程中，修改实际上和之前的写作构成非常优质的闭环：从看到，到推测，再到摸索，最后回到写作的初心。作者的写作意图和呈现出来的文字，在批改的认识中实现统一，批改可以说是完美地完成了精神的一次循环。批改者与作者双方，通过修改活动，互相交换思想，更进一步地进行精神交流。可想而知，经历这一轮的循环，双方都需要消耗很大的精力：作者真诚卖力地写，读者用心细致地看。因此，倘若真正要教师修改一篇文章，是不容易的。而且，一篇文章从写作到批阅，再回到作者手中，周期很长。绝非“指导一次—写成一篇—交上批改—改后退回”这样简单的“一锤子买卖”。完成第一次循环后，会进入反复循环，直至双方都满意了为止，或者说没有真正意义上的“休止符”。

三、不妨跳出批改去看源头

要想实施这种过程控制，要在源头上治：写作本身应该是真实的，而不是一次虚拟的练习——习作，更不能是练习之后用以上交的作业。而我们称之为习作，并且要求学生上交这份作业，这从一开始就决定了批改是无效的，甚至是一种干扰。教师写下的评语，对学生来说无法起到推动、改良的作用。学生仅以一种被批改、被裁判的被动状态冷漠参与、旁观。所以，从这个角度来说，“给学生鼓励”是批改时教师唯一能做的事。

不鼓励，你还能做什么呢？可是，写成“那个样子”，教我们如何写下溢美之词？所以，最终教师写下的鼓励成了亘古不变的“语句通顺”“紧扣中心”“词汇优美”“立意高尚”……

基于现状，既然无法改变习作的虚拟性，无法改变上交作业这一既定的形式，那么有没有改良的方式呢？能不能戴着脚镣跳舞呢？我们做出两种设想。

第一种设想，将修改权还给学生。

教师可以给学生三个维度，让其对自己的修改过程实施控制。根据劳拉·布朗在《完全写作指南》[①] 中提出的写作转盘（图 2-2），我们稍作删减，给学生提供三个支架，让其围绕“写作的目的明确吗”“读者是否接受了信息”“组织形式能否更好”这三个方面，促进其自省、自我修改。

---

① 劳拉·布朗. 完全写作指南［M］. 袁婧，译. 南昌：江西人民出版社，2017.

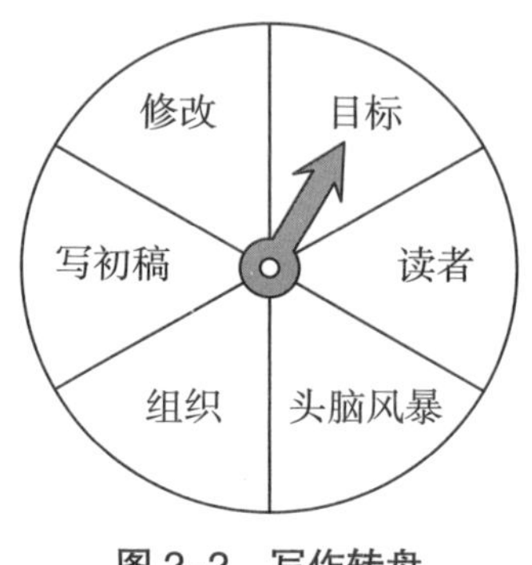

图 2-2 写作转盘

改自己的文章，不是靠“要求”，更不是靠“奖励”，是靠“教”的。教会学生明确“我为什么而写”“我写的有没有用”“我用什么方式写才能达到目的”，才会有用。我们给学生的三个维度，其实就是教会他们从骨子里认识写作，之后他们才能真实写，才会写后进行自我审定，才可能回避在文字层面进行的简单加工、润色。我们要让其感受到真正的、由内而外的“容光焕发”，而不是满足于“用美颜相机拍照”的自我麻痹。

在一篇文章的批改上，教师需要给学生搭建可供攀升的支架。

第二种设想，示范批改。

这是更为可行的批改方法。具体做法如下——

海选定样：浏览全班的文稿，找到一篇具有代表、示范作用的“样本”——可以是优秀的，也可以是问题具有普遍性的。

头脑风暴：让所有学生围绕着样本，提出自己的修改建议。头脑风暴时，教师不给定论，不加引导，不限制发言。真正的风暴，都是天意，而不是人为控制。

样本解析：基于在头脑风暴中获悉的信息以及事先对文本的研究，此时由教师主导，解析出这一文稿中存在的问题，或是必须习得的方式方法。以教材作文为例，单元中的写作教学目标就界定着应掌握的方法。但有时目标过大，应该予以分解。比如，目标为“大胆想象，创编故事”，具体落实到“这一篇”“这一次”，应如何创编、如何建构一个大胆的富有想象力的故事呢？教师可以通过样本，让学生知道“创编故事可以从结尾开始，从设定的结局去推演故事应有的情节，去设定角色的性格，因为性格影响了情节的发生发展。最后，你也许自然会得到一个让人意外的开头”。这样的指导，是有样本、有过程、有示范、有方法可以提取的。

修改比对：将样本以及从样本中获取的写作信息和自己的初稿进行比对，自我修改。

以上所有的设想，都是纸上谈兵。因为前提——现状是没有办法改变的。但是，我相信这些思考对于大家来说，还是有益的。因为，在思考中，我们似乎可以看到这件事情错在哪里，可以怎么做，即使现在我们还没有能力去改变。

我特别想问一个问题：如果学生每日写百字作文，你可以不用费尽心力地改，你会愿意参与吗？答案若是“不要改得太较真就行”，那么，不如鼓励吧！在你什么都不愿意付出之前，只有这么做才略微有效。

想象故事，如何越写越丰富

每个指导学生写想象故事的教师都会发现：下笔之前，小孩是非常善于想象的，可当我们让其把想象的故事写下来时，往往就剩下三言两语。好不容易把故事写出来了，大概的结构也就是“三段论”：很久以前，出了什么事；后来，又成了怎么样；最后，结果是什么——瞧出来了吧，非常典型的“起因—经过—结果”老三段。

教师着急了，不断提醒：请大胆地写出你的想象来；想到什么写什么，不要担心，不要害怕。教师不放心的时候，还会提出要求：请写具体，请写生动。可这几乎没什么用。为什么没用呢？因为我们的指导不给力。郑桂华教授早就清晰地告知我们：中小学写作教学的当务之急就是教框架，教模板，而不是追求文从字顺，不是在修辞上下功夫。教学中最大的问题就是，老师总给学生笼统的、没有具体路径的、空泛的“大道理”。

原来，我们没有教孩子如何写具体、如何展开想象的程序性知识，而只是大而化之地发出指令。没有给予帮助，还雪上加霜地施加压力，当然更加无效。于是，结局就是孩子写出了简单的几句话。现在，问题集中到如何让想象的故事写下来的时候能更丰富更具体。基于之前犯下的笼统的错误，我们尝试给出更为清晰、精准的四字诀：扁—变—编—辨。具体的指导就三步。

一、从“扁”到“变”

未经指导，学生自由写。确实，有的学生写得很好。但是，更多的学生写得都比较“扁”。例如，想象中的主角是人，那么文中的人很可能就是扁形人，是纸片人。所谓纸片人就是停留在文中的、没有任何特色的人物形象。他们看起来是人，有名字，有样子，但是写了和没写一样，读者看了与没看一样，同样都记不住。

为什么？因为这些主角都是用模子印刻出来的，是用套路写出来的，不立体，扁扁的。这个时候，我们就要指导学生努力“变”，从“扁”到“变”，实现第一次飞跃。

“变”，就是改变，改变主角的基本属性，借助反差，让读者读一次就具有非凡的阅读感受，就记住主角。为什么会记住？因为这些主角与“正常状态”差距太大了。例如，你的主角是一个小朋友，那么他的心里可能就装着一个大宇宙，每天都在想着如何拯救地球；你的主角如果是一只蚂蚁，那么它就拥有巨大的体形，站起身来比大象还高；你的主角如果是一粒灰尘，那么这粒灰尘可能产生于亿万年前，是陨石的好朋友，是灰尘中的“寿星公”，要知道别的灰尘可能只有短暂的数秒钟生命……

从“扁”到“变”，学生需要知道的是主角的原本属性，学生需要做的就是借助反差来想象，之后将想象中反差的场面写下来。

二、从“变”到“编”

用笔让主角发生变化之后，故事才刚刚开始。接下来，要从“变”字诀推演到“编”字诀。“编”，就是编织，让主角与各种环境发生互动。各种因素交织在一起，碰撞才会出现火花。没有编织，怎么产生好的故事？例如，我们常说的“虎落平阳被犬欺”，这就是一个主角和环境编织在一起的故事。再如，《易经》“乾卦”中的每一句卦辞，依然是一种编织。“见龙在田”“潜龙勿用”“飞龙在天”等，主角是“龙”，环境变化，主角的命运也随之而变，主角只有在环境中才有故事。

故事，就像一只手套、一条围巾、一件毛衣，都是编织起来的。主角与环境编织在一起，就能拥有故事，所以，我们要鼓励学生用笔，送主角到各种环境中去。例如，上文说到的那只硕大的蚂蚁，就可以来到城市里，接受路人甲乙丙丁惊奇的眼神；还有那粒苍老的灰尘，就可以到森林、草原、河道、城市中，在不同环境中遭遇不同的事件。

除了大家所理解的物理环境，还有一种环境叫人文环境，也就是让主角和不同的角色进行交往。主角在与其他对象的交往中，还会激发出更多的故事。例如，还是说那只硕大的蚂蚁，它出门后遇到一群小个子蚂蚁，一种非常奇异的友情就诞生了。一大一小之间，有说不完的故事。再比如那粒长寿的灰尘，它与一粒刚刚从小明头上落下的头皮屑成为朋友，它们之间互相述说着各自离奇的经历，故事就在对话中产生了。有一个很经典的故事——《城里老鼠和乡下老鼠》，也就是借助这样的“交往”编出来的。编写的时候，添加一些反差的因素，故事就非常诙谐生动。

“编”，就是各种组合。教师可以鼓励学生进行各种组合，让故事无限延展。例如，往前想，一路会发生什么，组合源于很自由的幻想；往后想，和过往的自己有什么关联，有什么瓜葛，组合源于对生活的加工和改造；往横向想，组合各种因素，让故事在一个场景中，包容各种角色，故事成为平台，各个角色都在这里舞蹈。

三、从“编”到“辨”

“辨”，就是分辨，我们特别强调的是让故事具备正能量的审美取向。

教师指导学生写想象文，有一个苦恼难以消解——想象的大胆与合理，到底如何统一？很多学生写想象故事，刚开始时很有意思，写着写着，就离谱了。无限制的自由，往往牵引出思想中深藏的暗黑因子，故事中表达了一些负面的、灰暗的思想。此时，因为有言在先——“大胆想象”，所以，面对这种灰暗的思想，面对这样不良的发展倾向，教师往往感觉无能为力。

从学生的角度来看，他们也显得理直气壮：明明是老师让我们“怎么想就怎么写，把心中的话写出来”，可是我真写出来了，老师又觉得不正派，看来是老师的指导有问题，很虚伪。每当此时，我们都要提醒教师，像学生一样，理直气壮地告诉他们，即便是想象故事，也请表达正能量。在这个世界上，如果连教师都不敢承担起正能量审美匡正的义务——或者说是一种天职的话，那么还能要求谁承担？写作，如果是肆无忌惮地表达负面思想，文章的存在还有什么意义？

于是，我们在最后的一个指导步骤中提出：要具备正能量的审美取向，要借助想象让学生提升审美辨析能力，让孩子知道什么是美、如何追求美、如何表达美。学生写出什么样的故事，就折射出内心最为真实的自己。而这正是教师予以心灵抚慰、品性引领的最佳时机。因此，结合想象故事，指导学生确立一个正能量满满的主题，让故事在主题的指引下发展，让思想在主题的光照下发亮，让所有的读者通过阅读你的故事汲取正能量，这就是我们在最后一步要做的。

比如，那只硕大的蚂蚁在城市里，一直被误解为“妖怪”。可是它很善良，真的“不是来捣乱的”。它面对误解，顶住心里的压力，最后帮助人们完成了“不可能完成的任务”，得到了大家的喜爱。瞧，多么有意义且值得传播的故事！相反，让这只大蚂蚁成为灾难，肆无忌惮地到处打打杀杀，看起来很热闹，可这样的文章写出来有什么意义，又能流传多久呢?

再如，那粒长寿的灰尘，它与微不足道的小头皮屑之间的故事，最后结局可能是场凄美的分离。因为小头皮屑的生命很短，而长寿灰尘的生命是无限的，所以这个故事可能要以悲剧收场。即便如此，悲剧中也带着对友情的眷恋，带着对“下辈子我还要遇见你”的期许，这是一种带有源自生命的渴望的正能量。

正能量，并不是要学生在想象作文的最后喊口号、说大话、表决心，而是顺着故事的脉络，自然而然地让人世间最真、最善、最美的情感流露出来。读一个故事，存一点美感，故事在读者的体验中得到升华，也就被人记住了。

想象故事写不具体，更大的原因是指导方法有误。一句话总结：想象虽好，但要写成故事，真的还需要得当的指导。

课堂教学这四个典型问题要避免

曾经有一段时间，为准备现场教学大赛，我经常和青年教师磨课，持续听了多节课，发现青年教师的课堂教学中存在四个带有共性的典型问题。

一、读啊读

一上课就是读；不断地对某一句话指导读；读啊读，读到下课才满足……为什么不读整篇课文或是一段话，就读那么一两句？读的能力是语文能力中关键的一部分，培养这一能力的重要性是不言而喻的。因此，大部分的语文课都是“读霸天下”的。可是，读的目的是什么？读和思考的组合如何做？读和听、说、写的统筹怎样处理？在未曾明确这些问题时，一味地读，就陷入流于表面的无效了。

青年教师试图在读上不断变换着花样，提出有感情地朗读，带着自己的感受去读……学生读是读了，但是学习并没有发生。其一，读的结果并不自然。读成什么样，是在教师的要求下得到的。学生带着所谓的感情去读，实际上并没有多少体会，而是在教师的暗示之下，突出某些词，加重音，拖长音，变化音，读得夸张甚至有点做作，但往往越是夸张越得到表扬。其二，读的内容是已知的。我并非反对通过读来学习，但是要看看读什么。一节课只有宝贵的四十分钟，真是让人想不通——课文明明白白写在那里，浅浅的，能看能理解，为什么还要反复去读？读的同时到底琢磨着什么？而且如此微观地、片面地读，有利于理解吗？你做这个角色，我做那个角色，你读这一句，我读那一句，大家一起读这几句，把这个词凸显出来，把那种感情代入……读过之后，学生学会了什么？

也许你会说，最不济也学会了朗读的技巧。抱歉，真会朗读的，从来不是一句一句地夸张表现，而是关乎整个语境、针对整篇文章、深入每个细节做出的综合调控。音量的大小、个别词语的处理，要与整体和谐才好。课堂上学生读的只言片语，是通往朗读艺术之路的"背道"。没有思维的读法，我们为何那样迷恋？

二、说啊说

青年教师害怕课堂冷场，喜欢让学生表达。是的，说是语文教学中的又一特色，承载着能力与素养提升的功能。问题的关键依然是：说什么？怎么说才好？

我们发现，许多教师不停地让学生说，但同时生怕学生说多了驾驭不了，于是精心设局，小心操作。学生说的话语中有个性，无思维；有内容，无逻辑。最典型的是：围绕一个词、一句话，说说"我的体会""我的理解"。最常用的指导启发话语是"为什么作者要用这个词？说说你的体会，说说你的感觉"。其实，若你把一个词挑选出来，非要让人说体会，说感觉，对方总是能够说出来的，不需要理解，不需要体会，就事论事也成。但这么说，答案是没有思维含金量的，说的结果无非是"跳到我的碗里来"，说到教师需要的那个方向去。因为从说的话题设定时，说的内容就确定了。当说的意义丢失时，不但不是能力，反而成了遮蔽，说成了表露自己已经"学会"的假象。

说的最大问题就是零散。虽然教师不断地让学生说，学生也敢说、能说，但说的都是简单的语言，说得随心所欲，说得古怪刁钻，说得个性十足，而且只要与众不同就容易被表扬。其实，当众表达不是为了征服，也不是为了炫耀，而是为了分享思想。而所谓的感受与想法，属于个体心理活动，不需要借助课堂组织来完成，阅读后天然就有，或者一看文本就能产生，即便不说也在心中。说出来的价值是什么？意义是什么？推动课堂前进而已。说成了教学的附属，而不是学习的途径。

很遗憾，课堂上学生的说虽然内容丰富，但缺乏逻辑、缺少理性。我很少听到大段的说理；很少听到类似“三段论”的从大前提到小前提，再到结论的指导；很少听到让学生从材料出发进行论证，最后得到结论的指示。更多的时候，学生说的内容仅是对教师有明确导向性问题的简单回应。说话时，背后支撑的思考去了哪里？说话间，个体的思维过程丢失了。

三、写啊写

从读到写，原本是阅读教学中自然且应有的过程。但我们看到时下在青年教师课堂上流行的写，仅是用以消耗时间，或者是证明读的粗浅结果的“鸡肋”。

课堂上读到一处，拿起笔就写，大家都觉得这样做很好，其实想想就会觉得不对劲儿——此时此刻，停下读，去写几句空洞的话，意义何在？教师引导学生写的内容无非是“你有什么感觉”“你有什么想法”“你想对他说什么”……实际上，姑且不论写出了什么，打断读而去写原本就是得不偿失的。阅读课倘若已经渐入佳境，最好沉入行间，醉在字里，这是难得的阅读体验。而我们要生硬地打断阅读，让学生写一写，如同将睡着的人叫醒。如果学生真有想法，只说不写也可。从课堂效率上看，只说不写更节约时间。非要写一写，更多是服务课堂效果，这是一种带着虚假繁荣的低效。

在这个教学环境里，结合文本简单写几句，几乎没有练习的意味；对于写本身而言，就是狗尾续貂、矫揉造作地凑合文字。长期这样写，学生对写本身还会有误解——认为写就是这样无情、无意、无须准备、说来就来的。这样的写犹如发动机的空转，只是发出“嗡嗡嗡”的声音，没有产生向前的动力。更何况，优质的写作不能全由着自己，不能图个自由畅快。有意义的写作是一种自我约束、自我控制，而不是自我放纵。“想怎么写就怎么写”这句话，恐怕是给小学生写作练习带来最大误解的一句话。

结合课文的写作，学生需要知道“好文章是如何写成的”，要明确文章组合的结构，不要瞎写；要知道“怎么写才更好”，要掌握技法，不要盲写；要知道“为什么要写这些”，明确目标，不要乱写。而且，有练习意味的写更是成段成篇的，而不是为了造势写的几句“空悲切”的话。随意写，动不动就被感动，动不动就“泪目”，话语失去思维的理性，写就成了课堂最卑微的附庸。

当本应综合呈现语文能力的写仅仅趋附于教学效果而存在时，当写缺乏了思维的参与、不经构思就能产出时，写就是一颗已经癌变的毒瘤。瘤子再大，也不能算是肌肉。

四、形式啊形式

课堂教学应着力指向学习，不需要特别注重形式。然而，青年教师为求得进步，在形式上花的心思太多了。依赖形式，就是依赖空虚的幻境。桌子摆成这样，学生围成那样，四人一个小组，八人一个团队……其实，这些形式的改变并不能带来实质上的区别。人多人少不是问题的关键，围在一起干什么才是决定因素。这是非常容易想通的问题：任何一种形式，本身都是限制。我们把十几人的小组变成四人小组，犹如把原先的秧田式变成马蹄形、半圆形，是一种外在的形式改变。当然硬要说形式改变带来实效改变，也不是不可以，但真有点可笑，因为我们把所有的精力都放在形式组织上，正是忽略个体独立思考的佐证。

合作不是强调出来的，而是因为需要而自发组织的；探索不是要求出来的，而是因为需要而主动进行的；个性不是教出来的，而是在生活中自信成长出来的。当我们着力凸显个性，急切希望看到合作，其实离真正的教学民主更远了。

试想一下这样一种更为高级的民主吧——

不管你坐在哪里，不管大家坐成什么样的形式，只要能够与另外一个需要的“点”对接，能够与跟自己观点相同或相背的人进行联系和辩论，这就是一种超越形式的民主，又何必在乎以何种形式来呈现？你有什么想法？我有什么补充？这是简单到不需要讨论、不需要问的问题。学生说来说去，还都在同一层面上流转，而教师又迟迟不肯公布答案，一个貌似有效的探索仅是消耗时间。一个组在汇报，其他组依然在等待；原先只要等一个人说完，现在要等一组人说完。这笔时间账不用算就很清楚了。

当然，形式并非不重要。形式有时会产生特别大的效果。我只是强调：不要为形式而形式，要因实质需要而灵活改变形式。这里，我用“撬动”这个词来表现实质需要与形式之间的关系：让实质需要撬动形式的呈现。

亲爱的青年教师朋友们，发现问题没什么了不起，解决问题才显功力。我建议大家趁着年轻，好好在一线教学中练好基本功，好好分析教材，认真学习教学设计，不断在实践中发现教学要义，不断“去形式化”。教学应注重思维，让四十分钟的课堂学习，真正实现师生的教学相长。

课堂提问与理答的基本操作法

青年教师的常态教学中，对话法依然为课堂教学的主流方法。

教师运用对话法教学，势必涉及两个问题：如何提问？如何应对学生的回答？我们将这两个问题简称为如何提问与理答。

青年教师无法清晰知道提问的技巧，对学生回答后如何接招也感到茫然。我们一直在寻找一些基本的操作法，让提出的问题趋于有效，让应对的方法相对可靠。根据美国学者吉姆·奈特博士的《高效教学：框架、策略与实践》[①]，我们为青年教师提炼出易于操作的基本方法。

一、厘清问题的类别

从形式上来说，课堂提的问题大概分为开放式问题和封闭式问题；从类型上来说，分为是非型问题和征询型问题；从认知层面上来说，分为关于知识的问题，关于技能的问题，涉及人生观、世界观的思想性问题。这些问题，按照布卢姆所提出的六个层面的教育目标来归类，分别对应着记忆、理解、应用、分析、评估、创造等层面。例如，封闭式问题问在记忆层面；思想性问题问在创造层面，考量的是综合素养。

启发随即来了。明确了问题的分类之后，青年教师在设计问

① 吉姆·奈特.高效教学：框架、策略与实践［M］.方彤，罗曼丁，译.上海：华东师范大学出版社，2017.

题时，可以尝试在兼顾中有所侧重。一节课中提出的问题，不应该完全是开放式或者封闭式的，也不能是简单的“对不对”“好不好”等是非型问题，更不能动不动就抛出一个问题“巨婴”——虽然具有探索价值，但当堂无法完成。问题的设计既要兼顾各类，又要根据文本以及教学目标有所侧重，合理搭配，这是问题设计的第一步。

二、提问要有所思“量”

一节课要提出多少问题，“量”的控制是有讲究的。《高效教学：框架、策略与实践》一书记录了学者萨斯坎德做过的专项研究，很有意思。在这项研究中，专家向教师提出四个问题，让其根据过往经验回复。四个问题如下：

（1）在 30 分钟的课中，你认为应该问多少个问题？

（2）有多少个问题是有效的、可取的？

（3）有多少个问题是学生自己可以问的？

（4）有多少个问题是最合适的？

参加测试的教师给出答案：一节课提出 15 个左右的问题比较合适（经过统计发现，教师提出的问题平均达到了 50.6 个，远远超出了 15 个），学生可以提出 5~6 个问题（经过统计，学生自己提出的问题平均才 1.8 个，远远低于预估的量）。

因此，提问的技巧又可以总结出一条：教师提出问题与学生提出问题要适当控量。教师不要成为问题“霸主”，学生不要成为答题机器。具体执行时，可以参考以下三条。

其一，在提出一个问题之后，要留下思考和回答的时间。不要连续追问，也不要用简单的问题串讲。

其二，问题的形式和思考容量可以设计。有的问题是向所有学生提出的，引发大家思考；有的问题可以让学生简单举手示意，口头快速回答；有的问题适用于个别优等生争论、思辨，其他同学分享；有的问题可能引导出错误答案，这是最可贵的，错误将引导全体学生进一步去了解真相。

其三，最好有“大问题”领衔。一节课，也可以围绕一到两个最适合学习目标达成的“大问题”。这样一来，问题的设计，就成了确保课堂有效的教学推进器。之后，携带小问题，形成问题关联，课也就串联起来了。

很抱歉，我暂时无法给出更为具体的指导。因为问题的设计根据教学的需要、教材的特质，才有具体的内容。以上三条建议，只能算是基本的问题设计思路。

三、关于回答的应对

青年教师更关心的，是接下来的问题：问题提出后，学生予以回答，教师如何应对呢？“妙问＋妙答”，才是我们理想中的课堂。此处，我们也给出三条建议。

1. 对学生予以相当的尊重

尊重学生，就是要捍卫其言说的权利。对同一个问题，每个学生的理解层次、知识水平不同，回答的理性与完美程度自然有差异。但只要是回答，都必须予以尊重。所以，理答最优雅的姿态就是侧耳倾听。学生回答，教师不要冷眼旁观；面对儿童，你可以拿出超过一百分的热情，从姿态上让学生感受到你在倾听，你很认真地对待他的回答。倾听，传递给学生一种友好的信息，有助于他们尽可能地好好发挥。

2. 用激励继续思考的方式来鼓励

对学生而言，他们能够参与回答，并用自己的理解来应对，这种行为本身就应该得到表扬。即便是错误的答案，也为大家提供了参考，也值得鼓励。关键是鼓励不要仅限于表扬，要激励学生继续思考，触发超越自我的潜能。在《应用想象力》（*Applied Imagination*）一书中，亚历克斯·奥斯本提出“头脑风暴”的说法。“头脑风暴”是一个简单的过程，在这个过程中，一群人就某一特定主题，纷纷提出自己的想法和意见。在“头脑风暴”中要求得好的效果，既取决于想法的数量——想法越多越好，也来自对批评的克制——避免被批评，才能无拘无束地说出想法。面对学生的回答，教师要对学生给予正面关注。正面关注，就是教师通过教学彰显善行，传递一种“要交往”的信息。这如同向学生发出“情感投标”。

3. 教师的作用是努力发现关联

教师在学生回答时，大脑要处于高速运转状态，试图发现学生回答的内容之间的各种关联，起到串场的作用。这有助于在学生的回答中形成一种微小的系统。一个问题的几个答案成为一个小系统，几个小系统组合成较大的系统，共同建构起整节课的教学系统。每一个小系统都是有价值的，对大系统的问题解决，提供了多元、周全的信息。教师还要控制个体回答的时间，不要无限制地允许学生“一边想一边说”或“漫无边际地拓展”。实际上，“对话”可以被视为一种在自由和控制之间达到平衡的方式。太多的自由将导致混乱。所以，教师在倾听学生回答时，尊重的体现还在于面向全体，为了实现教学目标而控制回答问题的整体节奏。例如：给出时间限定；给出限时的提示；打断后组织其他同学增补；暂停后由其他同学介入回答，之后再找机会请该同学继续回答；等等。课堂的教学要有效，教师是不能失职的。

其实以上做法都属于“技”的层面，背后支撑的应该是“道”的力量。具体来说，教师应有三个意识。

第一，儿童意识。教师要充分认识儿童，提问也好，理答也好，都尽可能站在儿童的立场，以儿童的思考为基础，适度引导，使其缓步提升到最近发展区。有人说，小孩学不好，都是因为怕老师，这是有道理的。教师要有儿童意识，就要用儿童的方式提问与理答。问题的设计有儿童话语，学生回答时，教师要给予同伴式的关心。建立情感的基本技巧，就是处理好外显的言行。例如，在提问中，教师的手势、眼神、给予学生的触碰等，任何一个简单表达，都可以传递“我想和你建立联系”的意思。所以，在提问时，教师和学生不应冷冰冰地对立，应该有所接触，实施正面关注。

第二，过程意识。要明确地了解问题，知道问题提出的意义以及回答的价值。提问，不在于得到答案，而在于有思考的过程。教师可以重视“由问题出发，观察学生、选择回答、组织讨论、形成结论”整个过程中学习的发生。相信只要有过程意识，教师就能调整心态，拥抱课堂上一切生成的资源。

第三，目标意识。提问与回答，可以视为一种特殊的课堂对话。教学中的对话，教师不能迎合学生，取悦学生，更不能单纯为了娱乐，而是要达成目标。戴维·伯姆在《论对话》中就告诉我们：对话，就是共同的思考。他从词源学的角度揭示了“对话”的含义。“对话”（dialogue）一词来自希腊语，由“通过”（dia）和“词语”（logos）的意思叠加而成。对话，就是人们表达和交流的一种沟通方式。[①] 因此，有效的提问与回答，就要设置一定的目标，让问题成为困难，用回答迎难而上。妙问与妙答，其实就是通往目标的一块又一

① 戴维·伯姆．论对话［M］．王松涛，译．北京：教育科学出版社，2004.

块的基石。石头铺得稳不稳，石头与石头之间的衔接是否得当、是否紧密，这都将决定着踏石前行的人能否行稳致远。因此，教师要有目标意识，提问与回答都不要放任自流，要主动且充满智慧地给予明确的引导。教师具备教学智慧，学生才能借助教学增长智慧。

“写不具体”，原来是教错了

“写不具体”，恐怕是困扰学生和教师最大的写作难题了！这一问题雄踞“三高”榜已多时：在教师写给每个学生的作文批语中，上榜率最高；在课堂教学的教师评价用语中，出镜率最高；在日常写作辅导中，学生感觉“写具体”的难度系数最高。

我也常遇到学生“写不具体”的困惑，解决的次数多了，渐渐找到门道。

先看例子。

一次，我的徒弟设计五年级习作“说曹操，曹操到”。主题一看就让人喜欢。“说曹操，曹操到”，意思就是“一提到某人或者某事，没想到立刻就见到或者接触到”，主要体现“快”的特点，也是本文的“趣”点。徒弟让学生先引用这句话入文，直接写出“说某某，某某到”。这里的“某某”，学生可以自行填写。例如“考试”“生日”“作业”“老爸”“暑假”……之后，再具体写有多“快”。显然，这是一道开放式作文题，给学生选择与发挥的空间比较大。而且，生活中多有这样的经历，写作素材足够丰富。

遇到的问题就是最典型的——“写不具体”。例如有学生写“说考试，考试到”。多么好的主题，但他三五句话就写完：“前几天还在说快期末考了，没想到一下子期末考就到了。时间过得真快啊，犹如白驹过隙……”省略号中省去的是对时间“快”的感叹。看出来了吧？读这样的文字，真是味同嚼蜡。

在随后的教学辅助中，徒弟采用的策略是我们很熟悉的。首先，提供范文。范文就是一个较为完美的写“说生日，生日到”的例子。范文作者把“提及生日”到“生日来临”之间的“快”感表达得很痛快，估计是教师或者成年人模仿小孩的笔法写的。其次，从范文中提取模仿的要素。例如表现“快”的句子、词语，甚至是文中特意使用的感叹号，细节都被大张旗鼓地放大并传授给学生，引导其欣赏与借鉴。最后，归纳方法。表现“快”，就要用好动词以及表现时间短的词。同时，还要注重心理描写，写出自己真切的感受。教师请学生提炼写法，有学生归纳为“时间短语法”“闪电描写法”“心理幻觉法”。方法名称就够生动。教师板书“动作”“心理”“时间”等关键词，完美收官后，让学生开始完善、修改。

效果如何？此处特地不直接写出，诸君揣度几秒……

效果不错。因为指导很有步骤，有操作性，且有范例在先，学生现学现用，当然立竿见影，文章长了不少。但问题也很明显：几乎每个学生都写得差不多，而且用笔很刻意，“作”的痕迹很明显。我们对比了一个学生前后写的两段话，居然更倾向于第一次写下的简单几句话，因为读起来自然、真实、不做作。“写不具体”的问题解决了吗？表面看解决了；实际上，“具体”表现在字数上，是一种“硬添加”。“硬添加”，其实不需要大费周章，只需要给“硬指标”，下达“硬任务”。

往回想这个教学过程，就让人觉得有点可笑了：首先，给你一个“样子”；其次，从“样子”中看到零散的“句子”；再次，从中归纳出一套“路子”；最后，回到自己的文字中，按部就班，做出新的“样子”。修改前后的两段话，不是“孪生”，也属“表亲”。

徒弟很为难。因为这个教学过程也算合理了；要不，还能怎么教呢？几乎没有更好的方法了。但有个问题必须提及：这里的“动作”“心理”描写是本次“写具体”真正需要的方法吗？每次“写具体”都可以用到这样的方法吗？“时间短语法”“闪电描写法”“心理幻觉法”，具有推广价值吗？方法本身“具体”吗？很显然，这些方法给不在场的学生讲的时候，需要解释半天，而且他们很可能无法理解。因为方法提取的语境太特别，都在那个典型的范例中；而“动作”“心理”描写属于每次通用的“大乘”之法，不具备专属性。

照这样看，教了半天，教空了；照这样算，小学作文只要上几节课就够了——写人、写景、叙事、状物以及各类应用文。一年！最多一年！学生就可以绝学无忧了。

这当然是笑话，也因此才能让我们发现问题的关键——教错了。

我建议这样教。基于学情，我们先看看学生的文字中写了什么。学生写出的生活画面很生动，很真实，完成了写作中的选材和粗加工。我们再想想：学生还需要什么？他们需要的是对素材进行“写具体”的细加工。于是，我们这样做——

第一步，让学生结合自己写的内容，回忆相关生活画面。请学生细细想，“说考试，考试到”，当时的每一个环节是什么样的，像过电影一样在心中重放；然后对照自己的文字，发现自己错过了什么。这一步，我称之为“唤醒生活”：不急着写，心里有数就行。

学生“写不具体”的原因就是“只观察了生活，缺乏对生活的关注”。每天经历的事，存在记忆中，都是模糊的影子。第一次写出来的片段，就是影子而已，要变成实体，就要把心灯调亮。如阿累写《一面》，当时他见到鲁迅，过程不过几分钟，他却能写出那么丰富的文字：写了浓墨重彩的“一字胡”，写了如“竹枝”一般的枯瘦手指……要知道这可不是阿累一回家就写的，是在鲁迅的葬礼后，借助回忆写的。没有对生活的唤醒和凝视，如何有这些具体的描写？如何营造现场感？

“写具体”的教学策略，以上算是第一要义：教学，给的是一种方法，或者说，养护的是一种意识。

第二步，教授本次习作的专属要点，让学生关注本次写作的核心与实质。例如，“说考试，考试到”，并非凸显时间之“快”。其实，时间是没有快慢的，一切都是“心感”而已。因此，本次的写作核心，不是一味求“快”，而是去体察一种因准备不足而慌乱的状态，一种突然降临而惊讶的心跳，一种因忙碌而忽视的悔悟。我们对命题进行分析后，就要总结出这一写作的核心，就要为文章锚定方向。方向对，才有可能抵达目标。教师要做的，依然是专业的教学分析。写作，也要分析！

两个教学步骤，可以用《周易》中的“天、地、人”三才来观照。学生唤醒生活，回顾了细节，有了“写具体”所需的内部语言，“地”基已经打好；教师的指导，犹如让学生抬头看“天”，方向已定；接下来就是中间的“人”要出力——写出来了。此时，学生自由写，只要写出自己经历的过程，只要心中坚定地表达出“惊讶”“惭愧”等心态，用什么样的语言来写都可以。

教师能教的就这些，学生写成什么样，不是教学的结果，是长期累积的结果。不要试图在这一节课上改变。拔苗助长的结果必定是人走苗枯。

范文要不要？有没有用？当然要。很有用。范文是写作方法的实际操练场，是语言现象的展示厅，是语法的活体标本。范文要发挥效力，关键看怎么使用。在学生写出来之后，教师提供范文，让其对照比较，看看“别人写的好在哪里”“别人是如何写好的，窍门在哪里”，学习范文的“语言表达模板”“语言建构框架”。例如，之前我用丰子恺先生的《白鹅》教学生写动物某一方面特点时，诸如“引吭大叫”“厉声叫嚣”等词语，都不是我们关注的。我们着力抽取了本段（第三段）的三个信息：“段首第一句，简单写出特点”“其余句子配合写出符合特点的事例”“文中藏着‘我’，体现对动物的观察是真实的”。三个信息建构起写动物特点的语言模板。这是学生要获取的，也是他们可以学会的。

以“说曹操，曹操到”的习作为例。我们给的范文写的是“说生日，生日到”，让学生看看作者在表现惊讶时选用了哪些素材，上下句之间如何关联，哪些地方能有助于“惊讶”的情绪表达。找规律，找模式，唯独可以不用找“别人用了什么词”。假如学习范文，借鉴的是词，是句子，或者是“简陋的修辞”，这就好比到了武器库，你只拿几颗子弹，连枪都没有挑选。而只有子弹是无法射击的。借鉴他人的词句和修辞，是不会写好自己的文章的。因为那些词句和修辞都是他人在他处、因他时、以他心写下的。环境变化，时间与事件改变，为何还要固执套用？

到此，我讲完了对这个问题的思考。还有一个提醒：这么教，最终学生能写得多具体，都是我们要接受的结果。可以肯定地说，结果绝非你想要的，未必达到你心中那样的具体。一步到位的教学效果，是教师的一厢情愿。学生的写作生命线越长，越能写出精彩。教师在评价时，要看到的是变化，是构思在写作中起到的作用，而不是写出来的结果。不要因为教学而为难自己，为难学生，为难作文。

要合理建构“慢课堂”

如今“慢”成了一种时尚，到处都充斥着对“慢”的提醒、对“慢”的欣赏。例如:“学习，你慢慢来”“课堂，你慢慢来”“发展，你慢慢来”……

没错，“慢”确实是教学的艺术，“慢”确实是课堂的生态。

但是，千万不要把“慢”停留在模式的层面，不要让各种无谓的等待变成无奈，“慢”不是漫无边际地让学生“自己来”。那些毫无效果的拖延，不能成为教学设计缺失的遮掩。在我们高声主张“慢课堂”的时代，至少有以下几种“慢”真的很不应该。

第一种，总是绕着弯子，不好好说话。简简单单一句话，带着学生绕来绕去，中间历经十万八千里，说了半天也不知道目标在何方。

第二种，“你说，我说，大家说”，一团和气却不知所云。王荣生教授在批判无效课堂时列举的典型例子就是“你说，我说，大家说”。课堂上看似民主，看似面向全体，如巡礼般给了每个学生发言的机会，但各说各话，想什么说什么，没有思维的参与，浪费了宝贵的课堂时间。

第三种，简单问题复杂化。其实，一个问题很简单，学生完全可以一语中的，但教师非要让学生按既定的话语套路，摆出事实、讲出道理、说出理由、谈出感受，不计成本，不怕时间流逝，只求让过程完整，要证明逻辑的严密性。语言学习，有时偏偏是语感的累积结果，是刹那间的顿悟。即便是表达，也可以有各种省略。省略有时是一种艺术。例如，训诂学中提到的就有蒙上省、因下省、语急省、疏略省，此外还有我能理解的顿悟省、意会省等。一味追求复杂与完整的“慢”，保住“全”，就是低效。

第四种，明明可以直接获取，非要再次求知。我在不少课上见过此类情况：各种定律已经赫然在书上，教师却不管不顾，非要通过诸如“摆小棒”的方式，各种“试错”，慢慢地找到规律，归纳出“儿童版的条款”，最终也是得出和书本一模一样的定律。这种探索，前人已经实施，而我们还在课堂上不断重复。本来就是一目了然的事，教师却重复带领学生经历“从无到有”的探索过程。追求这种“慢”，就是我们对先辈努力的藐视。

我认为，课堂教学中的“慢”应有它的属性、特质，而不应该“泛慢”，不要停留在对“慢”的形式的留恋上，不要主观强调形式民主与教师的“泛爱”。变换节奏、快慢交替，才是执教者必须认清的规律。

真正的“慢”，其实是值得期待的“化学反应”，是科学的过程。青年教师应该合理建构“慢课堂”。

一、“慢”在经历认知的变化

学生认知的变化，指向自我内在的突破，立足于真正的学习的基础上，依靠自己在一系列活动中的沉淀与发展，是一个美妙的思维与实践并进的过程。在此过程中，真的会出现电光石火的闪烁。一系列与认知有关的活动在学生头脑中产生、酝酿、转化，都是对学生学习自主性与探索欲的唤醒。所以，“慢”不再是教师单方面传授知识，更不是放任学生自己讨论，不断在低端的认知层面上徘徊，而应该是在教师的引导下，学生与各种知识、与各个人的思维交锋的过程。判断“慢”是否有效，应该观照认知是否有变化。如果学生的认知一直停留在“不教就已经知道”的层面，“慢”就是无效的。

二、“慢”在伴随能力的转化

在课堂教学中，师生之间、生生之间，应该有多方的互动，以促进学生的思维力、沟通力、合作力和创造力。因此，“慢”是必然的。但应该把时间花在组织阐述有争议的观点上，在思想的交锋中让学生头脑中的元思想外放，并展示在众人面前，形成一种思维的“场”。师生共同在“场”中，相伴相交，经历必需的合作，实现必备能力的发展。这，才是“慢”的真相。在课堂教学中，教师可以针对学生不同能力的发展，提出不同的问题。例如——

分析能力：你能看到语篇中的逻辑结构吗？

理解能力：你能体悟文字中蕴含的意思吗？

归纳能力：你能提取文本中的信息吗？

批判能力：你能对既定的信息进行审辨吗？

交往能力：你能与同伴合作吗？

建构能力：你能综合多方因素实现发展吗？

……

很显然，一切能力发展都急不得，但绝对不是拖延、无度地在“从一个已知到另一个已知”的平面上游走。

三、“慢”在素养形成的内化

语文学科核心素养四大关键词为语言、思维、审美、文化。每一项都需要从外到内的转变，是一种从显性到隐性的内化过程。从这个角度看，“慢”既是规律，也是结果。读了书，要把语言化为自己的表达系统；发现问题，分析问题，目的是让问题的解决借助思维；对文本的审美与鉴赏，或者是批判与反思，要融入长期形成的审美意识，并不断完善与提升自己的审美系统；面对文化进行实践、感悟，要触摸到文化真正的内涵，并融入自己的生命脉络。这一切，都是缓慢的过程，如何能设想这一过程在一节课内完成呢？一节课又如何能强求看到效果呢？所以，对于素养形成的“慢”，教师更应该关注“课内”与“课外”的协调，关注“习得”与“养成”这一对关系，而不要孤注一掷地硬是把素养内化任务在当下落实。

认识到了“慢”的真相，就会发现课堂教学必定是“快慢兼容”的。一些知识、概念、定论的授予，与已有知识系统的对接、基本能力的形成等，都应尽快实施，加快教学。教学应遵循“均值定律”，不要一味强调“最落后的那一个都要学会”。尽管关注“最落后的那一个”是我们的教育良知，必须得到弘扬，但在课堂中，教师的教学行为和节奏应该以不影响集体推进与发展为前提。例如，教师可以在课余时间进行更为科学、个性化的弥补，这才是真正的因材施教。特别是四十分钟的共用时间，如果教师为了体现“慢”与“爱”的理念，缓慢等待“最落后的那一个”幡然醒悟，其实是对绝大多数学生的不公平。

教学应该更加理性，只有这样，“慢”的教学艺术价值才能真正落到实处。

学会课堂提问，教学成功了一半

几乎可以这样去假设：教师学会了设计问题、提出问题，然后引导学生回答问题，课堂教学的成功就有了保障。其中，学会提问，是课堂教学的重要构成。

如何提问？这是个老话题，但值得一说再说。特别是青年教师在执教过程中，往往是问着问着，就随意了；问着问着，就走样了；问着问着，就不知道自己在问什么了……提不出好问题、不会提问、无效提问，困扰着大家。下面我和青年教师分享课堂有效提问的四条建议，希望能帮助大家提出好问题。

一、提出一个“大问题”，减少提问数量

这条建议遵循的原理就是“牵一发而动全身”。提问，不要问太多，要尽量设计出“大问题”，有时候只需一个统领全文的问题足矣。这一“大问题”与其他的“中问题”“小问题”之间，并不是主从关系，更不是线性排列的，而是一种全息的关系，多元、多边，多方关联，互相制约。只是“大问题”显得尤为重要而已，能带出其他各个问题，并影响或决定着教学目标是否达成。

例如，执教统编语文教科书三年级下册的《鹿角和鹿腿》一课，我就设计了一个简明的“大问题”：这是一篇寓言故事，我们该如何探索寓言之中隐藏的道理呢？这个“大问题”分为三个小问题，随之将课堂教学划分为三个板块。

（1）道理藏在哪里？——让学生阅读并找出道理，明确寓言中表述道理的大致位置。

（2）道理如何写出？——让学生阅读课文，明确作者是如何通过故事，一步步、一点点透露并揭示道理的。

（3）道理的背后还有道理吗？——引导学生不断思考，探寻道理的源头，发现人生的哲理。

三个板块虽各自有教学任务，但都在“大问题”的统领之下，回答的结果都对揭开“大问题”的答案有益，板块之间也因此有了紧密的联系，学生对整个寓言故事也有了全面的理解。

二、改变提问的角度，增加思考的容量

改变角度去提问，让提问与回答成为“百变魔方”。当教师善于从不同角度去提问，就会发现学生也因为思考的角度改变，思考的容量、难度、乐趣等都随之增加。

关于角度，我谈两点看法。大部分教师喜欢切中文章的本体提问，比如：问一些含义深刻的句子到底有什么含义；问课文的留白之处，到底可以如何补充；等等。这属于常见角度，这里不再赘述。下面主要分享两种新颖的提问角度。

1. 问在文章结构的“断层”处

“断层”一词来自地质学，一般通过一个断层剖面，可以看到地质清晰的发展演变历程；迁移到文本解读和教学领域，就是引导教师在设计问题时，关注文章结构特别的地方，比如表述的矛盾处、文脉的承接处、内容的对立处、表现形式的重复处等。这些“断层”都是作者为读者留下的清晰的创作痕迹。在“断层”处提问是比较新颖的角度，但还是问在了文章的本体。

2. 问在文章的“胚胎”阶段

文章还没写成，作者在构思酝酿时，文章就像处于“胚胎”阶段。这一阶段是极为关键的，决定着文章的整体品质。我们阅读的是结果，是文章生成后的样子，但可以通过对“胚胎”阶段的探索和关注，触及作者的创意、构思，问题指向“怎么写”。

例如，对统编教科书四年级上册《麻雀》一文的学习，就要着力探索屠格涅夫是怎样将事情写清楚的。此课所在的单元为习作单元，精读课文的学习就是为了掌握习作的方法。《麻雀》这篇课文中所体现的“写清楚”的方法典型、生动，容易掌握，值得好好探索。教师通过提出问题——“作家是如何把事情写清楚的呢？”——引发学生对写作方法的密切关注。按照这一目标，从文本表面逐步破解隐藏的“写清楚”的方法：猎狗、老麻雀、小麻雀，一个一个写，有序而不乱；不但写看到的，还将听到的、想到的一并写出来，让现场感更强；同时，聚焦关键语句“老麻雀从一棵树上飞下来，像一块石头似的落在猎狗面前”，让学生理解在描写中加上作者本人的联想，也能产生“写清楚”的效果。用这样的问题引路，学生不断深入思考，挖掘语言中携带的方法，学习便不再停留在“比喻、夸张、拟人修辞手法的运用”这类标签化、空洞化、雷同化的表面结果上。学生不仅发现了“写清楚”的方法，还获取了具有操作性的程序化知识。

三、更换提问的主体，提升问题的质量

从教师提问转为让学生提问，让问题“物归原主”。实际上，教师提问的目的，就是为了学生学习。所以，如果学生能为了达到学习目的，自己设计问题、提出问题，之后解决问题，不就成了真正的学

习的主人了吗？所以，教师可以想方设法让学生自己提问，这样也能提升提问的质量，更好地实现教学目标。

让学生提问，可以分三种类型。

预读之时，提出问题。预读时提出的问题，一般是出于好奇，相对浅显和直接，有时候会因为天真而触及本质，青年教师要予以甄别，做出恰当的反应和判断。同时，这一类问题可以有选择地运用在接下来的教学中。

教学之中，提出问题。在教学中，指导学生细读文本，学生此时又会有发现。我建议大家更多地关注这类问题。经过教学，学习开始明确目标，并有集中的指向。在此过程中发现的问题，往往更容易贴近真实，锁定目标。此时学生关注的问题，作为教学中的“话题”，对目标达成而言，切中率更高。

同伴互动时，提出问题。在组织学生互动、进行共读时，同伴之间可以相互提问。这一方法在日常教学中多有出现，此处不再赘述。

四、减少对问题的依赖，降低提问的总量

之前谈到的三点，都带有最后一条的意图——减少提问量。

此时单列一点，重点分享这一观点：有时候不提问或少提问，也是不错的选择。

传统的教学法包括讲授法、活动法等。提问也是非常传统的方法，归属于谈话法这个大系统。有时我们一门心思地琢磨要怎么提问，其实反过来想：不提问，也并非大不了的事。况且，在以下三种情况下可以不提问。

1. 学生会的，不问

这点显而易见。

2. 问了学生也不会的，不问

这点青年教师要想通。不要用问题为难自己，为难学生。超过学生认知水平太多的，教师不要问，问了也白搭。

3. 不是问的时候，不问

这主要是指提问的时机不对：学生还在想的时候，让他们好好想，不要不停追问；学生感到困难的时候，不要一直问，那等于雪上加霜；学生感到没意思的时候，不想思考了，就不要勉强问，问到学习乐趣也降低了，得不偿失。

可见，提问要注重“天时”，找准时机；同时匹配“人和”，满足学生学习的需求；还要注重“地利”，符合当下的学习氛围与整体环境。

给青年教师的以上四条建议，都是针对课堂教学中的问题设计与提出的。各位青年教师要结合具体的教学实际需要，酌情采纳，随学情而定。

请别总爱说“写作其实很简单”

集中观摩了二十多节作文课，我发现一个惊人的相似之处：每一节课，教师在学生写作前，会非常习惯地、念经一样地，说出一句口头禅——“写作其实很简单”，接下来就要求学生开始写。

“写作其实很简单”这句话真有魔力，仿佛就这么一说，写作上所有的问题都迎刃而解。从课堂教学现场看，的确如此：话起到调节气氛、引发写作热情的作用；话说出后，学生真就开始写了……

听一两次还好，集中听，听多了，就觉得有问题！

这句话的逻辑前提是：“喏，我已经把该讲的讲了，该教的教了，写作的秘密说破了。所以写作变得轻松了。”

这句话的逻辑后果是：“喏，你就应该会，所以开始写吧。”

仔细思考会发现，这句话一出口，引发的最大问题就是，在写作教学中，教师将自己界定为“局外人”，事不关己高高挂起，一切都是你自己造成的；而我，只要教了，就万事大吉，顺理成章应该有好结局。很显然，这样的“局外人”身份，暴露出说话者在三个方面还有欠缺：

其一，对写作少了了解。

教师对写作的了解真是比较贫乏的。写作，原本就是很难的事。我写了，我就体会到艰难。没写的人，说这样的话显得不负责任。写得不够的，说这样的话，显得轻浮。西方写作学源于古希腊，至今仍旧强调多读少写。我们看到，美国小学生写的文章，如果要从文采角度来对比中国学生的，其间有一个“西天取经”一样的差距。因为西方崇尚“善于言说”，正如柏拉图所主张的：遇到关键的事，要尽可能回避书写。其实，大力弘扬写的东方也一样。例如，万世师表的孔子强调“述而不作”；古文的言简意赅，以一当十。当代的写作，起源于契约。所谓契约，就是用最精准的文字“把事情定死”，不留阐释他意的余地。今天，因为出版、印刷等技术的飞速发展，写的门槛低了，但愿意以写为生的人依然不算多。可见，在写的方面，人类所有的经历都是艰难的，未来要克服的困难是无法估量的。

写作要精准地表意，要蕴含着情感，要达成应有的功能，还要符合一定的规范，真不是一件“其实很简单”的事。无知者无畏，假知者妄言。

其二，对写作缺乏体验。

把“写作其实很简单”说得如此轻巧的，都未必体验过写作，自然不能感受到其中的困难。没有亲身下水，怎么知道深浅？没有亲口尝试，怎么知道酸甜？也有教师不服气，说：我有写作经验，我发表的论文很多。很抱歉，所谓的写作经验，并不是狭隘地局限在你自己的天地和领域里。教学写作中的写作经验，更多地指向此情此景，服务于当下语境，抵达于设定的写作任务。在命题和规定的范畴内的写作，教师最需要下功夫的，就是要去了解学生的困难、学生的需要。我们称之为写作经验中的“儿童立场”。

以成年人的角度、成年人的经验、成年人的水平，即便书写成功，写出“下水文”，也还不足以支撑整个教学。因为“体验”这个词最为诱人之处在于“具身介入”，而教师一句“写作其实很简单”，就让学生“开始写吧”，是一种变相的逃离；即便中途在某个学生身边指点指点，也依然是隔岸观火、隔靴搔痒。

其三，对写作过程缺失指导。

说出“写作其实很简单”后让学生“开始写吧”，教师的错误最为严重的在于对写作过程缺失指导。在这一方面，美国写作教学研究者和我们采用完全不同的方法。

《中美写作教学对话十五讲》中，在美国三十余年的访问学者傅丹灵教授介绍并比对了中美两国写作教学立场——

在美国，写作被看作是一个学习的过程；在中国，写作是展示学生知道。

美国教师在写作过程中给予指导；中国教师对写作的讲解、告知多，而过程性指导少。

美国教师懂得如何帮助学生提高写作；中国教师注重如何教写作。

美国教师给学生展现他们自己的作品作为范文，中国教师用许多好文章告诉学生写得好是怎样的。

美国教师是保证学生不断成长；中国教师是让学生成为最好的。[①]

过程指导，教师要在场，要当教练。大家可以联想到篮球比赛中的教练。队员在比赛中，教练中途可以叫暂停，同时就在赛场上进行指导。教师以这样的方式介入写作，和学生一起经历，产生体验，绝不袖手旁观。这就如同钢铁在淬炼的过程中，趁热打铁才有效，到冷却定型后再雕琢，充其量只能雕个花、画个符，做些表面修饰。

因此，应该认识到：写作，其实不简单；写作，其实很讲究。

在不当的写作观念下写出的文字，往往是陈旧的，属于旧知识的重复输出，没有实现经过写的认知生长。所有的写作活动，只是印证老师说的方法是有效的而已。这如同在模具里倒出一个模型。这样做，并非不可以，学习的确需要模仿。但问题的关键在于，这样做将

① 曹勇军，傅丹灵. 中美写作教学对话十五讲［M］. 上海：上海教育出版社，2018.

所有的“宝”都押在一个要素上——老师所讲的方法。这个方法会让写作变得简单吗？观察了二十多个课例后，我发现，方法很不靠谱，有三个重要的欠缺。

其一，方法来源于个案，以偏概全。

课堂中的方法，基本上源于某个单篇。如果这个单篇还是学生的例文，从中提炼出来的方法更不能进行推广。因为方法没有经过验证，更没有适应性。

其二，方法是“对空提出”的，没有用武之地。

教学中提出的方法，其实是一种“为方法而方法”的空洞方法，没有真正的语用价值，仅仅是教学时，为了学生能顺利制造出文章而定制的。这些方法，就像教孩子在停车场里学开车，让他们原地打转，感受一下而已；一旦把车开出去，开上路，就出问题了。这些方法用在具体的表达、表意、表现之中，在具体的语境、语用范畴之内，往往是不管用的。

其三，方法本身是零散的，没有系统。

一节课提出一些方法，这叫一课一得，比较流行。但方法本身“前不着村，后不着店”，好像用在本文中有效，用在这一次有效，之后有没有效就不得而知了。况且，之前教过什么方法，可以不知道；之后还要教什么，可以不需要。这样的方法，难怪学生学了那么多，依然不会写，写不好。

因此，老师上课的口头禅，那句类似念经的“写作其实很简单”，真相并非如此。只有重视写作，了解写作的困难，才有可能写好作文。写作，需要创意，需要工匠精神。

考试后要注重数据分析

每次期末考试后，就临近假期了。其间有几个工作日，学校大多安排各种会议——其中当然有一场会叫“教学质量分析会”，在这个会上再切出一段时间进行试卷分析，亮出考试的统计数据，一分高下。

这真的让人非常遗憾，真的有一点前功尽弃的感觉。之前折腾了一个学期的学习和考试，到这里就这样草草了之，真的浪费了。理查德·I. 阿兰兹在《学会教学》（第六版）一书中说：“教师没有足够的时间来分析测试数据，根据分析结果制定有意义的学习目标，我们经常在做着本末倒置的事情。我们难道不应该改变教学和评估学生的方式吗？如果没有改进，继续评估就没有多大的意义了。”①

在一线教学中，这些数据大多用来进行比对。例如，同年段各班之间比一比，获胜者有极大的心理安慰，不过“保质期”也就一周左右，很快连自己都忘记了；落后者也不甘示弱，带着怨气大喊几声“一代不如一代”“我班生源太差”之类的，还能博得些许同情。当然，大家会将矛头集中指向试卷命题，而且采用实证主义的态度就事论事：说说这道题出得好不好，那道题答案是否有争议……聊一聊，闹一闹，吵一吵，等到散会就算了，就忘掉了。

以上所谓的分析都浪费了检测所得的数据。虽然我们也知道一线教师繁忙到此时已是强弩之末，内心期待着放假后的一了百了。因

① 理查德·I. 阿兰兹. 学会教学［M］.6 版. 丛立新，等译. 上海：华东师范大学出版社，2007.

此，我也不是要教师个体做到多么周全，只是给出通盘的建议，提醒大家——真要“站好最后一班岗”。关于试卷的数据分析，我给出以下四条建议。

一、教导处应成为重要的数据库

教导处，顾名思义就要干“教学引导”的工作。其中一项特别重要的工作就是考试后的数据保存、分析，以及分析结果的提供。这都应成为教导处应有的服务项目。例如，同一个班的历次考试数据，输入电脑后生成数据变化曲线，要进行比对，要能清晰地捕捉这个班教学质量的变化走向。又如，年级组中几个班的数据对比，在历年的考试中有没有波动，是不是因为教师的更换或者教学活动的安排不当而出现巨大震荡。教导处应该给出较科学、全面的分析报告。这份报告对学校进行人事调整、教学安排等常规工作起着重大的参考价值。

同时，教导处的数据应该在校内公开，应该允许教师调阅，至少要让教师知道“我错在哪里”“我的问题是什么”“我怎么改进”；如果不提供数据，把数据当作秘密保护起来，数据本身也损失了过半的价值。

二、学科教师要编制考试数据统计单

执教的各学科教师，自己也应该建立数据库。当然，教师的数据库很微观，但至少要有，要给自己提供参考。例如，历次考试，学生的成绩呈现怎样的变化趋势？同一个考生，几次考试之间是否有变化？这些变化背后反映出的是学习任务的难易，还是学习方式带来的效果差异？是班级活动带来的影响，还是家庭因素造成的影响？这些都可以从数据中去追踪、去了解，让数据为我们说话。

学生个体考试数据一览表，也能够给教师自己调整教学方法，提升教学质量，带来辅助效应。例如：这个单元这样教，学生成绩普遍不错；那个单元那样教，学生成绩出现滑坡。两相对比，教师自己就能看到教学失误在哪里，一下子就可以找到问题。

三、年级组要成为信息交流中心

年级组要汇总各班的考试数据，组成信息交流中心。这个中心存在的意义不在于一争高下。各个班级的成绩其实没有什么好比的，因为成绩的差异原因是综合的。我们要更多地通过数据，让教师关注“如何提升教学质量”。例如，一道题的失分率高，我们可以通过数据比对，发现各班差异，之后引导教师关注——

（1）本年段学生在这个知识点上的基本掌握情况是什么样的。

（2）本年段各班教师在这个知识点上的不同教学手段是什么。

（3）邀请得分高的教师进行优质经验宣讲，同年级组学习先进经验。

（4）年级组改进教学方案，共享优质教学经验。

如果没有数据中心，年级组就不能够掌握情况，也就不能组织改进，考试的意义也就丧失了不少。

四、学校要促成命题的科学化

考分的波动大，直接反映了试卷出得有问题。

有时候，整体平均分过高，一定是试卷出得太容易；有时候大部分学生考砸了，试卷一定在难度系数上没有控制好。教师与教学，常常为“命题者”背黑锅。有时候是学校自主命题，出卷、审卷都是比较匆忙的。更多情况下，为了公平，出卷的并非本年段的教师，审卷的更要回避，也不会让本年段教师担任。这样一来，就造成命题中知识点的把握不准，难度控制不到位，试卷的专业色彩比较薄弱，考分数据的佐证性和研究价值偏低。

这就是为什么每次考出来，年级组教师都会质疑，都在争论：这道题不是我们学段应该考的，那道题超纲了；这道题考过了，那道题有问题……这些矛盾如何避免？应当加强命题的科学性。要知道一旦考试结束，评分完成，数据就成为一种永恒的、无法逆转的结果。因此，我建议在学校层面，应予以保障试卷命制的科学性、规范性。

考试后，要注重对考试数据进行分析。别再把教学质量分析会开成诉苦会，开成表彰会，开成对命题的谴责大会……青年教师应对自己的教学质量负责，认真对待数据分析，让其成为教学的参考，成为调整教学的砝码。

自己的课，要怎么改

不少教师听完别人的课，多少都可以说出些“道道”来；但当别人听自己的课，并给出指导意见时，真要修改起来，就显得非常困难了。

为什么改自己的课就这么难呢？自己的课，怎么改呢？

很多一线教师的改课过程，都伴随着师父的指导，教师最后成了一个“收录机”“笔记员”——师父说一句，自己记一点，在课堂上照本宣科。这样的修改，改上十年也是浪费时间。离开师父，自己还是不会上课。

其实，这个问题困扰着很多人。世界上最难改变的就三样：一是钢铁，二是钻石，三就是你自己。然而，越是困难的事越须去做。因为每位教师在成长过程中，最需要的就是超越自己。

自己的课如何改？如何实现自我修正？我给出三个建议。

一、凝视每一个细节

细节失守，就是你失败的关键原因。因此，修改自己的课，就从落实每一个细节开始。但在实际操作中，我们很容易忽略这个步骤，或者忽视它的重要性。我们很希望一下子实现彻底改变，而不愿意从小处着眼。

也许，当我们看了以下这些故事时，会理解细节的落实，就是造成巨变的每一个脚印。你几乎难以想象，有些物品在最后完工之前，曾经历了怎样粗劣的阶段；也不能领会创造者为改进它们，克服了多少艰难的挑战。

以圆珠笔为例。在1888年，美国的约翰·劳德第一个构想出了圆珠笔，也就是用旋转的圆珠把墨水传递到纸上。他的这个想法取得了专利。然而，他始终没能把这种笔改进到足以写出干净整洁的字迹。在1919年，匈牙利的拉斯洛·拜罗决定重新发明这种笔，但直到1943年他才完成自己的设计，并开始推销自己的发明。即便到了这时，墨水仍然会流出来形成污渍。最终在1949年，奥地利化学家弗朗·西兹彻底解决了这一难题，成功地打开了销路。就这样，圆珠笔从构想到做出真正实用的产品，整整花了61年……

我们无法改变自己，因为我们总是忽略了细节，我们总希望一步到位。请记住：任何艺术效果的呈现，都是无数细小技术累积的结果。

二、发现问题，哪怕仅是瑕疵

在落实了需要解决的细节之后，下一步就要检查细节，找出瑕疵。请记住：尽管你通常倾向于认为自己的方案是完美的，认为这些步骤已经没有调整的必要。但实际上，其中包含的问题是无法统计的。能否让更多的人认可你的课堂，取决于你是否乐意尽你所能地改进想法，让课堂以新的姿态落地。

而全新的困境又转化为，在你尚没有这方面的经验之前，你最大的困难就是不知道怎样去寻找。下面的几个小建议可以帮到你。

1. 检视“教”的言与行

一般来说，课堂上的问题，都出现在教师端。也就是说，学生学得不理想，他们不应为此买单，不需要负责任。因为孩子就是来学习的。如果学习一帆风顺，那么教学存在的意义就降低了。因此，不要埋怨学生不好，应该多从“教”的角度找问题。

例如，教师执教的时候，发出怎样的指令？这一指令是否准确？是否含量过大、过于模糊？或者，这一指令是否本身就有问题，难以达成？

又如，遇到学习难点，学生不会时，教师使用何种支架，帮助其由不会到会？是否有具体的指导路径、具体的操作方法？是否笼统地把诸如“写具体”“写细致”“大胆想象”等要求抛给学生？这些问题的检视，会帮助你找到问题的根源。检视自己“教”的行为，能够找到问题的关键。

因为“教”而发出的言语、执行的措施，既是教师的基本功，也是让教学发生改变的根本。

2. 审查“学”的板块

学习是不可能“一口吃成胖子”的，而是渐入佳境的过程，是逐步推进的累积。一节课的板块设计，就要符合学习的规律，满足学习的需要。学习，需要通过板块设计来实现目标抵达。

每个环节都安排了什么学习活动呢？每个学习活动预期达到什么学习目的？各个环节组合起来，能不能实现最终的教学目标？这可以逐一审查，按照教学目标，一一回看、调整。有的时候，我们教得很用心，但效果不好，也许是因为我们的板块设计和目标不匹配，和学习本身不和谐。这就好比这样一个故事：蟹、鱼、龟等都希望将河底的宝箱拉上岸，可是各自往不同的方向用力，使尽全力也无法达成。

笑话中，能琢磨出道理。锚定目标后，调整板块，有可能产生期待中的学习结果。

3. 学情的多样性不容忽视

假设你的板块设计都很好，教学目标都很清晰，教学的言行举止都很得体，教材解读做得都很到位，依然有可能上不出效果，因为你还缺一样——对学情的关注。

对学生的学习情况是否了解？这个问题令很多教师汗颜。他们即便是面对自己班级的学情，也未必有清晰的认识，更不要说公开教学时，面对的是陌生的学情。我们有可能如同卢梭所说："面对儿童，其实我们是一无所知的。"

同样的设计，学情不同，也会产生不同的效果。所以，请下更多功夫去了解学情吧！了解一下：学生为什么会有这样的表现？学生可以有怎样的表现？学生如何才能有更好的表现？

想好这三个问题，再调整自己的教学设计，我们完全有理由相信，改变会发生。

三、反复实践，直至满意

你完成前两个步骤之后，就只剩下反复打磨了。"玉不琢，不成器。"满意的效果，来源于千锤百炼。这不言而喻。我在入职第一年时，学校器重我，安排我执教《蛇与庄稼》。全年段一共六个班，我的教学设计打磨了十次——五个班，每班各两次，最后在一个班进行公开教学……

这些故事，不说你不知道，说了你不相信，但你去做了就能感受到效果。

为什么自己很难调整自己的课？原来，需要改变的不止一处。同时，教师还要转变一个观念：从埋怨到感恩。在成长中，有人帮助自己，是非常幸运的。所有给自己提出意见的人不是来添麻烦的，不是来捣乱的，他们都是我们的贵人。

积极改变吧！你需要一种由内而外散发出来的力量。